Oudshoorn, Farne für Haus und Garten

Wim Oudshoorn

Farne für Haus und Garten

Aus dem Holländischen
von Herbert Duggen, Kiel

24 Farbfotos
83 Zeichnungen

VERLAG
EUGEN
ULMER

CIP-Kurztitelaufnahme der Deutschen Bibliothek

Oudshoorn, Wim:
Farne für Haus und Garten / Wim Oudshoorn. Aus d.
Holländ. von Herbert Duggen. – Stuttgart : Ulmer,
1986.
ISBN 3-8001-6184-2

Titel der Originalausgabe: Verrassende Varens

Wollgrasweg 41, 7000 Stuttgart 70 (Hohenheim)

Printed in Germany
Umschlaggestaltung: Alfred Krugmann, Freiberg am Neckar
Umschlagfoto: Hans Seibold, Hannover
Satz: Setzerei Lihs, Ludwigsburg
Druck: Karl Grammlich, Pliezhausen
Bindung: Nething, Weilheim/Teck

Vorwort

Seit vielen Jahrhunderten erfreuen sich Zierpflanzen der besonderen Wertschätzung durch die Menschen. Es wird viel Mühe und Aufmerksamkeit darauf verwendet, das Alltagsleben durch Blumen und schöne Pflanzen angenehmer zu gestalten. Das war in frühester Zeit bereits in Japan, China und Babylon mit seinen „hängenden Gärten“ der Fall, wo man auch schon Farne kannte.

In Westeuropa ist die Blumen- und Pflanzenliebhaberei jüngeren Datums. Heute werden hier aber die meisten Blumen und Zierpflanzen angebaut und verwendet.

Die Bedeutung der Farne als Zierpflanzen nimmt in jüngster Zeit wieder zu. Dabei kommt ihnen zustatten, daß sie von besonderer Schönheit und sehr arten- und formenreich sind. Farne gibt es in der ganzen Welt und in nahezu allen Klimagebieten. In der heute so unruhigen und hektischen Zeit geht von ihnen, sowohl in der Wohnung als auch im Garten, eine willkommene Ruhe aus.

Darum erscheint es sinnvoll, daß nun ein praktisches, kleines Buch über Farne erscheint, das Farnliebhabern und Gärtnern einen Überblick über Namen, Formen und Merkmale der häufigsten Farne gibt. Die in dieses Buch aufgenommenen Arten sind sorgfältig ausgewählt. Dabei wird zwischen Farnen für das Zimmer und solchen für den Garten unterschieden. Es sind aber auch Varietäten dabei, die man zunächst als Topfpflanze im Zimmer und später als Staude im Garten erleben kann.

Die Anzucht von Farnen ist in den ersten 4 bis 8 Monaten meist mit vielen Problemen verbunden. In unserem Betrieb, in dem bereits seit 80 Jahren Farne kultiviert werden und der dadurch in vielen Ländern bekannt wurde, stehen wir trotz aller Erfahrungen immer wieder vor neuen Überraschungen. Aber das macht die Farnkultur auch immer wieder reizvoll und interessant.

Wenn die Farne erst das Stadium einer topffähigen Pflanze erreicht haben, gibt es kaum noch Schwierigkeiten mit ihnen.

Ich hoffe, daß dieses Buch über Farne seinen Weg zu Liebhabern und Gärtnern findet und daß das Interesse an Farnen weiter wächst.

H. J. Lemkes sen.

Inhaltsverzeichnis

Geschichte der Farne

In der Entstehungsgeschichte des pflanzlichen Lebens auf der Erde entwickelten sich nacheinander Bakterien, Blau-, Rot- und Grünalgen, Pilze, Braunalgen, Moose, Lebermoose, Bärlappgewächse, Schachtelhalme, Farne, Baumfarne, Koniferen und erst ganz zum Schluß die Blütenpflanzen, die nach Einkeimblättrigen und Zweikeimblättrigen unterteilt werden. Obwohl diese Übersicht unvollständig ist, wird doch deutlich, daß die Farne einen besonderen Platz einnehmen.

Einerseits sind sie die ersten Pflanzen, die bereits richtige Blätter besitzen, und andererseits die „letzte" Pflanzengruppe, die noch keine Blüten besitzt. Baumfarne und Koniferen haben bereits Blüten und produzieren folglich auch Samen.

Farne kamen bereits vor 400 bis 350 Millionen Jahren im Erdaltertum (Devon) vor. Im ersten Teil des Erdmittelalters (Trias) vor 225 bis 180 Millionen Jahren beherrschten Farne die Vegetation auf der Erde und bedeckten zusammen mit (Riesen-)Schachtelhalmen und (Baum-) Farnen große Teile der Erdoberfläche.

So sind die Steinkohlevorkommen überall in der Welt unter anderem aus abgestorbenen Resten von Farnen entstanden.

Als eine Art Erbschaft aus längst vergangenen Zeiten gibt es bei Farnen immer noch ein Jugendstadium, in dem richtige Blätter fehlen (s. Abschnitt „Vermehrung"). Den meisten Menschen ist diese „geschlechtliche Phase" der Farne überhaupt nicht bekannt. Sie kennen allein die erwachsenen Farne, d.h. die ungeschlechtliche Phase mit einer höher entwickelten Struktur, mit echten Blättern und auch mit Wurzeln.

Um die erwachsene, die ungeschlechtliche Generation der Farne geht es in diesem Buch. Ich hoffe, darin zeigen zu können, daß die Farne, auch wenn sie keine Blüten haben, mit zu den schönsten Pflanzen gezählt werden müssen.

Morphologie und Stellung im Pflanzenreich

Das Pflanzenreich wird bekanntlich in höhere und niedere Pflanzen eingeteilt. Zur erstgenannten Gruppe gehören die Samenpflanzen, die wiederum in „Nacktsamer“, mit den Koniferen als bekanntester Klasse, und in „Bedecktsamer“ unterteilt werden. Zu diesen gehört ungefähr alles, was an „Grün“ in Garten, Haus und auf dem Balkon vorhanden ist.
Die niederen Pflanzen, zu denen neben Algen, Flechten, Leber- und Laubmoosen, Schachtelhalm- und Bärlappgewächsen auch die Farne gehören, sind Pflanzen, die keine Blüten besitzen und daher auch keine Samen hervorbringen. Ihre Fortpflanzung erfolgt durch Sporen. Darüber wird im Abschnitt „Vermehrung“ alles gesagt. Daß auch Pflanzen, die keine Blüten besitzen, sehr attraktiv sein können, das zeigen vor allem die Farne sehr eindrucksvoll.

Bau der Blätter

Daß Farne vor allem Waldpflanzen sind, geht auch aus dem inneren Bau ihrer Blätter hervor. Sie besitzen im Gegensatz zu den Blättern von Pflanzen, die im Sonnenlicht aufwachsen, kein Palisadenparenchym, d. h. ein Blattgewebe mit wenig Interzellularen. Mehrere Schichten Palisadengewebe findet man speziell bei jenen Pflanzenarten, die in der vollen Sonne wachsen.
Es ist unvorstellbar, wie groß die Vielgestaltigkeit der Blätter von Farnen ist. Aber nicht genug damit. Es gibt auch Farne, die wie die Baumfarne, die u. a. in Australien vorkommen, einen Stamm bilden und eine Höhe bis zu 20 m erreichen können. Auf der anderen Seite gibt es die sogenannten Wasserfarne, die ganz klein und niedlich sind und von denen der große Entengrützenfarn *(Azolla filiculoides)* oft massenhaft in Gräben, Kanälen und Grachten in Holland vorkommt, obwohl er eigentlich aus Südamerika stammt. Auch die Pillen- und Schwimmfarne gehören zu dieser Unterklasse. Sie sind aber selten bei uns zu finden.
Die Farne bilden zusammen eine botanische Klasse, die in viele Unterklassen, Ordnungen und Familien untergliedert ist.
Polypodiaceae, Adiantaceae, Aspidiaceae, Athyriaceae, Blechnaceae, Osmundaceae und Sinopteridaceae sind Beispiele für solche Farnfamilien. In den Pflanzenbeschreibungen ab Seite 37 wird jeweils die Familie, zu der der entsprechende Farn gehört, genannt.
Zurück zu den Blättern der Farne. Nicht nur die Blätter der verschiedenen Gattungen und Arten sind in ihrer Form sehr unterschiedlich, sondern oft auch die sterilen (Blätter ohne Sporen) und fertilen (Blätter mit Sporen) Wedel einer Pflanze. Vor allem beim Rippen- und Geweihfarn sind diese Unterschiede besonders auffällig.
Ein Blatt besteht aus dem Blattstiel und der Blattspreite. Der Blattstiel setzt sich in der Blattspreite als Hauptleitbündel, volkstümlich auch Blattnerv oder Blattrippe genannt, fort. Die Form der Farn-

blätter als Ganzes ist sehr unterschiedlich. Sie kann geweihförmig *(Platycerium)*, dreieckig *(Adiantum venustum, Dryopteris carthusiana, Cystopteris montana)*, eiförmig *(Athyrium goeringianum)*, schmallanzettlich *(Ceterach officinarum)* oder linealisch *(Polystichum acrostichoides)* sein.

Oft ist das Blatt sehr dünn *(Adiantum)*, aber auch lederartige Blätter kommen vor *(Cyrtomium)* und selbstverständlich auch vielerlei Zwischenformen.

Eine bemerkenswerte Eigenschaft von Farnen ist, daß die Blätter in jungem Zustand aufgerollt sind und sich im Laufe der Entwicklung wie eine Uhrfeder entspannen. Gerade zu diesem Zeitpunkt kann man besonders deutlich sehen, daß die jungen Farnblätter teilweise auffallend stark behaart sind *(Polystichum setiferum)*.

Viele Farne besitzen sowohl auf dem Blattstiel als auch auf dem Hauptnerv Schuppen und Haare, die oft hell, manchmal aber auch sehr dunkel gefärbt sind. *Dryopteris affinis* (syn. *Dryopteris pseudomas*) und *Polystichum aculeatum* sind Beispiele dafür. Es gibt aber auch Farne, deren Stiele vollkommen unbehaart und zuweilen auffallend dunkel gefärbt sind. Das ist bei *Adiantum raddianum, Doryopteris pedata* und *Dryopteris wallichiana* der Fall.

Im übrigen sind auch die Wurzelstöcke vieler Farnarten auffallend behaart. Vor allem bei *Phlebodium aureum* und *Davallia bullata* ist das sehr gut zu sehen.

Bei der Bestimmung von Farnen spielen selbstverständlich die Blätter in ihrer Vielgestaltigkeit eine wichtige Rolle. Blüten, die bei anderen Pflanzen dafür von großer Bedeutung sind, fehlen bei den Farnen ja.

Blattformen

Eine brauchbare Einteilung für die Blattformen kann sein:

- Die Blätter oder Blattfiedern sind ungeteilt, also ganzrandig. Das ist u.a. bei *Asplenium nidus* (Nestfarn) und *Phyllitis* (Hirschzungenfarn) der Fall. Dieser Blatttyp ist bei Farnen aber recht ungewöhnlich.
- Die Blätter sind fiederteilig. Die Einschnitte sind tief und gehen oft fast bis an die Mittelrippe. Bekannte Beispiele dafür sind *Polypodium vulgare, Ceterach officinarum* und *Phlebodium.*
- Die Blätter sind einfach oder einmal gefiedert, d.h. an jeder Seite der Mittelrippe stehen besondere kleine Blättchen, die Fiederblättchen. Das ist besonders gut bei *Pellaea rotundifolia* zu sehen, aber auch bei *Polystichum lonchitis, Polystichum munitum* und *Cyrtomium fortunei* sehr deutlich.
- Die Blätter sind zweimal oder doppelt gefiedert. Bei diesem Blatttyp sind die Fiederblättchen, auch kurz Fiedern oder Zipfel genannt, wiederum selbst gefiedert. Es sind also Fiederblättchen erster und zweiter Ordnung wie bei *Polystichum aculeatum* vorhanden.
- Die Blätter sind dreifach gefiedert. Dabei kommen Fiedern erster, zweiter und dritter Ordnung vor. Dieser Blatttyp ist gut bei *Pteridium aquilinum* (Adlerfarn) zu beobachten.
- Die Blätter sind vierfach gefiedert. Das kommt vor allem in Verbindung mit dreifach gefiederten Blättern vor.

Im Text wird auch von zwei- bis dreifach und von drei- bis vierfach gefiedert gesprochen. Damit wird gesagt, daß ein Teil der Blätter zweifach und ein anderer Teil dreifach gefiedert bzw. drei- und vierfach

gefiedert ist. Auch kommt es vor, daß die Blätter erster Ordnung selbst fiederteilig sind wie bei *Dryopteris affinis* (syn. *Dryopteris pseudomas*).
Es gibt aber auch Farne, die eine völlig abweichende Blattform haben, so daß sie nicht in das obenstehende Schema passen. Das ist bei *Dryopteris pedata* der Fall, einem Farn, der ein handförmig geteiltes Blatt besitzt, und bei *Platycerium bifurcatum,* einer Art, die zwei- oder dreimal gegabelte Blätter aufweist.

Wuchsformen

Betrachtet man Farne aus einiger Entfernung, dann fällt auf, daß auch die Wuchsformen sehr verschieden sind. Manchmal bilden die Wedel miteinander eine Art Trichter. Sehr schön ist das bei *Asplenium nidus* und beim heimischen *Matteuccia struthiopteris* zu sehen. Bei *Pteridium aquilinum* entwickeln sich die Wedel in einigem Abstand voneinander aus dem stark wuchernden Wurzelstock, so daß die Pflanze einen lockeren Eindruck vermittelt.
Es gibt auch Farne, die man zu den Bodendeckern rechnen kann. Sie bilden über dem Boden einen richtigen Teppich, z.B. *Polypodium* und *Thelypteris.* Andere Farne entwickeln ihre Wedel mehr in die Breite. Sie brauchen dann zuweilen viel Platz. *Phyllitis scolopendrium, Polystichum* und *Blechnum spicant* sind Beispiele dafür. Zum Schluß sollen auch noch die Farne erwähnt werden, die im Alter einen kurzen Stamm bilden. *Blechnum gibbum* ist von diesen wohl der auffälligste.

Blattfarben

Farne bilden bestimmt keine uniforme, grüne Masse, weil auch ihre Blattfarbe sehr verschieden sein kann. Mal ist sie hellgrün wie bei *Cystopteris fragilis,* oft auch dunkel wie beispielsweise bei *Pteris cretica* 'Parkeri'. Es gibt buntblättrige Formen wie *Pteris ensiformis* 'Evergemiensis'.
Andere Farne verfärben sich rötlich, wenn die Blätter sich entwickeln. Beispiele dafür sind *Adiantum tenerum* 'Scutum Roseum', *Doodia media* und *Dryopteris erythrosora.* Bei *Athyrium goeringianum* 'Pictum' sind die Blattfiedern während der gesamten Wachstumszeit rötlich und silbergrau.

Wo Farne wachsen

Man muß wirklich kein so großer Pflanzenkenner sein, um zu wissen, daß bei uns verschiedene Farne wild, meistens an schattigen Plätzen vorkommen. Die bekanntesten sind *Polypodium, Thelypteris thelypteroides* und *Pteridium aquilinum.* Vor allem in Mittel- und Süddeutschland wachsen auf alten Mauern die Mauerraute *(Asplenium ruta-muraria)* und die Steinfeder *(Asplenium trichomanes).* Insgesamt gibt es in Deutschland einige Dutzend Arten von Farnen, die wild vorkommen.

Im übrigen sind Farne über die ganze Welt verbreitet, wiewohl sie in den Polgebieten, wo der Boden das ganze Jahr hindurch mit Eis bedeckt ist, selbstverständlich fehlen. In der Arktis jedoch, wo das Eis für kurze Zeit im Jahr verschwindet, nehmen sie ihre Chancen wahr und sind präsent. Die Zahl der Farnkräuter, die sich unter so extremen Verhältnissen behaupten, ist allerdings nicht groß. Es mögen weltweit etwa 500 Arten sein. Wenn man bedenkt, daß insgesamt etwa 9000 bis 10000 Arten von Farnen auf der Erde wachsen, ist das nicht viel.

Auch in den Wüstengebieten der Erde findet man verhältnismäßig wenige Arten. Das ist nicht verwunderlich, ist doch aus dem Gesagten bereits deutlich geworden, daß ein trockenes Wüstenklima bestimmt nicht zu Farnen paßt. Die Arten, die in diesen Gebieten vorkommen, findet man denn auch meistens unter Felsen, wo es etwas kühler ist und wo die wenige Feuchtigkeit nicht sogleich verdunstet.

Die Zahl der Farne, die in (sub-)tropischen Gebieten vorkommen, übertrifft die Zahl der Arten in den gemäßigten und kühleren Zonen der Erde um ein Vielfaches. Doch sind es hier immer noch so viele, daß man damit prächtige Farngärten anlegen kann (s. Abschnitt „Der Farngarten“).

Redet man über Mexiko, dann denkt man unwillkürlich, aber nicht ganz zu Recht, an Kakteen und Sukkulenten. Die Entsprechung bei Farnen könnte die gar nicht so große Insel Jamaica sein, wo es nicht weniger als 500 verschiedene Arten von Farnkräutern gibt.

Wie dem auch immer sei, Farne fühlen sich offensichtlich in allen fünf Erdteilen zu Hause. Obendrein hat der Mensch dafür gesorgt, daß wertvolle, vor allem dekorative Arten, von überallher ins Land gebracht wurden, um den Ruhm der Schönheit der Fensterbank und des Ziergartens zu mehren.

Farne und ihre Verwendung

Es gab eine Zeit, in der sowohl Zimmerfarne als auch Freilandfarne eine ungeahnte Popularität besaßen. Das war auch eine Folge der vielen Sorten, die von bestimmten Arten angebaut wurden. Vor allem in Großbritannien ist die Kultur von Farnen bis in ungekannte Höhen gestiegen. So wurden am Ende des 19. Jahrhunderts mehr als 1000 Arten und Sorten von Farnen kultiviert. Allein von den Frauenfarnen *(Athyrium)* gab es 230 Sorten! Ob diese sich tatsächlich immer voneinander unterschieden haben, soll dahingestellt bleiben. In jedem Fall hatten sie Sorte für Sorte einen Sortennamen.
Bekannte Persönlichkeiten in dieser Zeit, die sich mit Farnen befaßten und auch Bücher über Farne geschrieben haben, waren u. a. Löwe und Druery.

Zimmer, Balkon

Heute, nach einer Periode, in der das Interesse vorwiegend anderen Pflanzengruppen gegolten hat, kehren die Farne zurück, als seien sie nie weggewesen. Die Geweihfarne, bis vor einigen Jahrzehnten allein in den Gewächshäusern botanischer Gärten zu bewundern, haben das Wohnzimmer erobert. *Nephrolepis* passen großartig zu einer modernen Raumausstattung, und *Pteris, Pellaea* und *Adiantum* schmücken wieder das antike Schränkchen im nostalgisch eingerichteten Wohnzimmer.
Menschen, die nur einen Balkon besitzen, machen die Entdeckung, daß Farne in den Sommermonaten einen Ausflug nach draußen zu schätzen wissen. Selbst Etagenbewohner, deren Balkon nach Norden geht, haben Farne mit gutem Erfolg in ihren Blumenkästen gepflegt. Wenn man dazu Gelegenheit hat, sollte zunächst mit robusten Arten wie *Phyllitis, Athyrium filix-femina, Dryopteris filix-mas* und anderen begonnen werden. Wer die richtige Erde wählt und für genügend Feuchtigkeit sorgt, kann auch in der 10. Etage eines Hochhauses Freude an der Schönheit solcher Freilandfarne erleben.

Garten

Noch mehr Möglichkeiten gibt es natürlich, wenn man einen Garten besitzt. Farne bilden dann eine willkommene Abwechslung zwischen vielen anderen, oft überreich blühenden Pflanzen. Sie bringen die nötige Ruhe in den Garten und sorgen außerdem dafür, daß es auch unter Bäumen und Sträuchern noch grün ist. An Plätzen, an denen es andere Pflanzen des chronischen Mangels an Licht wegen nicht mehr tun, wachsen Farne besonders gut. Kein einziger Garten muß heute auf Farne verzichten. Es gibt in jedem Garten Ecken und auch in den oft dunklen Gärten der Städte genug Plätze, wo sich die anspruchslosen Farne vollständig ausleben können. Auch an Teichufern sind Farne immer gut zu gebrauchen oder, besser gesagt, gar nicht zu entbehren.
Gerade in dieser Zeit werden aus Gründen der Arbeitsersparnis vielfach Boden-

decker in den Gärten gebraucht. An mehr oder weniger willkürlichen Plätzen schießen dann höhere Pflanzen aus dem bodenbedeckenden Pflanzenteppich hervor. Als Bodendecker sind einige Staudenarten und niedrige Gehölze geeignet. Aber auch verschiedene Farne sind sehr gut dafür zu gebrauchen. Sie sind in Liste 8 (s. Seite 119) zusammengestellt.

Öffentliches Grün

Es ist schade, daß im öffentlichen Grün oft nur sehr sparsam und zurückhaltend von Farnen Gebrauch gemacht wird. Da natürliche Pflanzungen aber immer mehr an Bedeutung gewinnen, ist es wünschenswert, daß Farnkräuter darin den Platz bekommen, auf den sie ein Anrecht haben. Vor allem höhere und starkwachsende Arten kommen dafür in Frage. In Deutschland spielen Farne auch bei der Bepflanzung von Friedhöfen eine wichtige Rolle.

Blumenbinderei

Von verschiedenen Farnarten können auch Wedel in der Blumenbinderei verwendet werden. Vor allem einige *Adiantum-*, *Blechnum-*, *Cyrtomium-*, *Didymochlaena-*, *Dryopteris-* und *Polystichum-*Arten und ihre Sorten eignen sich dafür.

Nahezu alle Farnwedel können auch leicht getrocknet werden und liefern gutes Herbarmaterial. Sie werden in getrocknetem Zustand gern in Kollagen und Trokkensträußen verwendet, meistens zusammen mit anderen Trockenblumen.

Wachstumsbedingungen, Pflanzen, Pflegen

Der größte Teil der Farne wächst in Wäldern oder an anderen schattigen Plätzen. Nur wenige Arten wachsen unter anderen Bedingungen besser. In Wäldern ist es aber nicht nur schattig, auch die Luftfeuchtigkeit ist dort verhältnismäßig hoch. Die Temperaturen liegen etwas niedriger als in der Umgebung. Außerdem stehen die Pflanzen windgeschützt. Farne wachsen meistens auch in einer dicken Humusschicht. Das bedeutet, daß sie nur oberflächlich wurzeln.

Boden, Feuchtigkeit, Windschutz

Von den genannten Wachstumsgegebenheiten lassen sich leicht die Bedingungen ableiten, die den Farnen im Garten geboten werden müssen, wenn sie gedeihen sollen.

Wachstumsvoraussetzung Nr. 1 ist, daß genügend Laubhumus in den Boden eingearbeitet wird. Er muß einerseits genügend feucht sein, andererseits ist es für fast alle Farne wichtig, daß der Untergrund durchlässig ist, so daß überschüssiges Wasser auch ablaufen kann. Anstelle von Lauberde kann auch Gartentorf für die Vorbereitung der Pflanzstellen verwendet werden. Die Erfahrung lehrt aber, daß die Erfolge mit Lauberde besser sind. Die Zugabe von Düngemitteln ist meistens nicht erforderlich. Eine kleine Gabe Knochenmehl (1 kg/50 bis 100 m^2) kann auf armen Böden aber oft Wunder wirken.

Beim Ausbringen von Lauberde und Gartentorf oder einem Gemisch von beiden ist es erforderlich, diese mit dem anstehenden Boden gut zu vermischen und für genügend Bodenschluß nach unten zu sorgen. Neben einer guten Durchmischung der Humuserde mit der obersten Bodenschicht sollte auch noch eine genügend dicke Schicht Humus obendrauf gegeben werden.

Außerdem muß für genügend Feuchtigkeit gesorgt werden. Das kann durch regelmäßiges Sprühen in Trockenzeiten geschehen. Ideal ist es, wenn zwischen den Farnpflanzen Düsen eingebaut werden können, die das Wasser vernebeln. Dadurch wird vor allem auch die Luftfeuchtigkeit erhöht, und das ist für die Farne beinahe noch wichtiger.

Immer muß im Garten nach Plätzen gesucht werden, an denen die Farne mög-

---

Auch für die Verwendung als Zimmerpflanzen gibt es eine große Anzahl schöner Farne.

lichst windgeschützt stehen. Mit dem Wind haben die meisten Arten ihrer besonderen Blattstruktur wegen viel Last.

Pflanzen

Die beste Zeit, Farne zu pflanzen, ist zweifellos das Frühjahr, wenn sich die jungen Wedel zu entwickeln beginnen. Natürlich ist es auch im Herbst möglich. Pflanzen, die in Töpfen oder Containern gezogen wurden, wie es heute viel geschieht, können eigentlich das ganze Jahr hindurch in den Garten oder auch in Blumenkästen gepflanzt werden.

Beim Pflanzen sollte darauf geachtet werden, daß die Farne tief genug in die Erde kommen. Etwas tiefer, als sie gestanden haben, ist ein gutes Rezept. Das gilt allerdings nicht für Arten mit kriechendem Wurzelstock wie *Polypodium* und *Adiantum,* die möglichst flach gepflanzt werden sollen. Leichtes und vor allem gleichmäßiges Andrücken beim Pflanzen ist sehr wichtig. Nach dem Pflanzen muß zunächst ziemlich viel gegossen werden.

Von Nutzen ist es, wenn der Boden um die Farne herum nach dem Pflanzen mit einer dünnen Schicht halbzersetzter Lauberde abgedeckt wird. Damit wird erreicht, daß der Boden nicht nur länger feucht bleibt, sondern auch der Unkrautwuchs eingeschränkt wird.

Winterschutz

Wenn es Herbst wird und der Laubfall beginnt, ist den Farnen in der Natur eine natürliche Laubdecke sicher. Auch im Garten sollten sie diese bekommen, und das nicht nur durch Farnlaub, sondern auch durch Blätter, die zusätzlich aufgebracht werden. Jeder Gartenbesitzer kann in seinem eigenen Bereich etwas dafür tun. Eventuell muß das Laub dafür auch gesammelt werden.

Eine Unsitte ist es, die bereits vor Winterbeginn abgestorbenen Farnblätter abzuschneiden. Die Blattstiele geben nämlich einen natürlichen Schutz gegen die Winterkälte. Außerdem halten sie das Fallaub fest. Das Abschneiden erfolgt darum sinnvollerweise erst im zeitigen Frühjahr, wenn die jungen Farnwedel sich zu entwickeln beginnen. Bei vielen Arten ist aber auch das nicht nötig, wie die Erfahrung lehrt.

Nährstoffversorgung

Nur in wenigen Fällen haben Farne an Nährstoffmangel zu leiden. Das ist vor allem dann der Fall, wenn nicht jedes Jahr für ausreichend Humus gesorgt wird. Mit dem bereits erwähnten Knochenmehl oder mit getrocknetem Kuhmist kann dann leicht für Abhilfe gesorgt werden.

Oben: Blick in eine Pflanzung des botanischen Gartens der Freien Universität Amsterdam u. a. mit *Matteuccia struthiopteris.*

Unten: Das „Ausrollen“ von *Matteuccia struthiopteris* (links) und *Dryopteris affinis* ‘Pinderi’ (rechts).

Vermehrung

Wie bereits auf Seite 10 erwähnt wurde, blühen Farne nicht und bilden daher auch keine Samen. Statt dessen sorgen die Farne auf ganz spezielle Weise für ihre Nachkommenschaft.

Sporen

Auf der Unterseite bestimmter Wedel entstehen braune Häufchen, die Sporangien genannt werden. Diese Sporenbehälter entstehen auf ungeschlechtlichem Wege, d.h. ohne eine vorausgegangene Befruchtung. In den Sporangien befindet sich ein brauner Puder, die Sporen. Wenn die Sporenbehälter reif sind, springen sie auf, und die staubfeinen Sporen können sich verbreiten. Es sind sehr viele Sporen, die eine Pflanze entwickelt. Da sie leicht wie Staub sind, werden sie bequem vom Wind mitgenommen und überallhin verbreitet.
Oft entwickeln sich die Sporen auf Blättern, die mehr oder weniger abweichend geformt sind. Vielfach sind diese Abweichungen nur klein wie bei *Pteris* (Saumfarn), seine fertilen Blätter sind schmaler und länger gestielt als die gewöhnlichen unfruchtbaren Wedel.
Beim Geweihfarn sind die Unterschiede größer. Die fruchtbaren oder fertilen Blätter mit den Sporenhäufchen sind in der Tat geweihförmig, während die sterilen Blätter, auch Mantelblätter genannt, einfacher in der Form sind und sich oft um und über dem Topf entwickeln, in dem die Pflanzen stehen. Auffallend sind die Unterschiede auch beim Rippenfarn *(Blechnum spicant)*, wo die sterilen Blätter horizontal ausgebreitet sind und die Sporenblätter steif aufrecht stehen. Auch die Sporenblätter des Königsfarnes *(Osmunda regalis)* fallen auf. Sie ähneln verblühten Blütenständen.
Interessant ist es, auch einmal auf die Anordnung der Sporenhäufchen auf den Blättern zu achten. Bei *Pteris* sind es dünne Linien entlang den Blatträndern, während es bei *Adiantum* nierenförmige Häufchen sind.
Sehr hübsch sind die Sporenbehälter beim Nestfarn *(Asplenium nidus)* angeordnet. Man erkennt sie als gerade Striche, die in einem spitzen Winkel entlang dem Hauptnerv angeordnet sind. Bei den Geweihfarnen sitzen die Sporangien gehäuft als ein großer „Fleck" an den Enden der fertilen Blätter.
In der Natur werden die Sporen zu gegebener Zeit frei, aber nur ein kleiner Teil von ihnen gelangt an einen Platz, der günstig ist. Glücklicherweise ist die Zahl der Sporen, die eine einzelne Pflanze entwickelt, so groß, daß immer wieder genügend neue Pflanzen daraus wachsen können.

Vorkeime

Aus den Sporen entsteht zunächst ein sogenannter Vorkeim, den Wissenschaftler Prothallium nennen. Ein solcher Vorkeim ist nicht viel mehr als ein kleines, grünes, herzförmiges Blättchen, das mit sogenannten Rhizoiden, Würzelchen könnte man sagen, im Boden verankert ist. Wenn die Farne in Anzuchtkistchen herangezogen werden, sieht man die Prothallien als einen grünen Hauch auf der Bodenoberfläche.

Auf der Unterseite der Vorkeime entwickeln sich in der Folge männliche und weibliche Geschlechtsorgane, die auch Antheridien und Archegonien genannt werden. In den Archegonien entstehen die Eizellen. Sie scheiden einen Stoff aus, der auf die Schwärmsporen (Spermatozoide), die sich in den Antheridien gebildet haben, anziehend wirkt. Die Schwärmsporen können sich in einem „wässerigen" Milieu aktiv fortbewegen und „schwimmen" zum geöffneten Archegonium, wo sie mit der Eizelle verschmelzen. Damit ist die junge Farnpflanze „geboren".

Diesen ganzen Vorgang bezeichnet man als die „geschlechtliche Phase" der Farne.

Bei Farnen unterscheidet man daher deutlich zwei Entwicklungsphasen bei der Fortpflanzung:

– eine ungeschlechtliche, in der Sporen mit halber Chromosomenzahl gebildet werden,
– eine geschlechtliche, die mit der Entwicklung der Vorkeime beginnt und mit der Entstehung der jungen Farnpflanzen auf dem Vorkeim endet. Die Pflanze hat dann wieder die normale Chromosomenzahl.

Die Entwicklung junger Farnpflanzen in der Natur wurde bereits beschrieben. Farne werden aber schon lange auch in Gewächshäusern gezogen. Das sind die Farne, die es überall zu kaufen gibt. Die Kultur dieser Farne ist, vor allem, wenn es um die Vermehrung geht, nicht ganz einfach.

Vermehrung durch den Gärtner

Die Vermehrung der Farne ist eine echte Spezialistentätigkeit. Das beginnt bereits mit der Ernte der Sporenblätter. Sie muß erfolgen, unmittelbar bevor die Sporenbehälter ihre Sporen entlassen. Dazu werden die fertilen Blätter abgeschnitten und in Papiertüten getrocknet. Die aus den Sporangien gefallenen Sporen bleiben in der Tüte zurück. Gelegentlich werden die Blätter auch in feine Teile zerrieben und die Sporen dann mit einem sehr feinen Sieb von der Spreu getrennt.

Sporen können unter günstigen Bedingungen ziemlich lange aufbewahrt werden. Sehr lange ist das u. a. bei *Pteris cretica* (6 Jahre) möglich, während die Haltbarkeit von *Osmunda regalis*-Sporen nur sehr kurz (5 bis 10 Tage) ist. Die Aussaat der sehr feinen Sporen muß in zugfreien Räumen und auf sterilem Substrat in neuen oder desinfizierten Saatschalen erfolgen.

Während des Keimprozesses muß die Erde genügend feucht gehalten werden. Die Temperatur sollte für Gewächshausfarne entsprechend hoch (22 bis 24 °C) sein. Während der Entwicklung der Prothallien sind eine konstante Lichtintensität und konstante relative Luftfeuchtigkeit erforderlich. Die Keimung von Farnsporen dauert im Mittel einen Monat, kann aber auch etwas kürzer oder viel länger dauern.

Sobald die Vorkeime groß genug sind und die ersten Farnpflanzen sichtbar werden, müssen sie pikiert werden. Sie werden auf gleichen Abstand in Pikierkisten verpflanzt, in denen jede Pflanze ihren eigenen kleinen Ballen hat. Später werden die Pflanzen ein zweites Mal pikiert oder auch gleich in Blumentöpfe gepflanzt.

Wenn diese Pflanzen dann groß genug und genügend abgehärtet sind, d.h. an eine niedrigere Temperatur und eine geringere relative Luftfeuchtigkeit gewöhnt wurden, werden sie zum Verkauf an Blumengeschäfte und Gartencenter geliefert. Danach erhalten sie einen Platz in Zimmer, Garten oder auf dem Balkon der Pflanzenliebhaber.

Brutknospen

Der weitaus größte Teil der Gewächshaus- und Gartenfarne wird durch Sporen vermehrt. Dabei können aber auch Probleme auftreten, wenn gelegentlich nicht genug Sporen gebildet werden oder wenn bestimmte Kulturformen nicht echt aus Sporen gezogen werden können.
Dann stehen dem Gärtner glücklicherweise auch andere Methoden zur Verfügung. So gibt es Farne, die auf älteren Blättern junge Pflänzchen bilden. Diese Pflanzen entwickeln sich aus kleinen, dunkel gefärbten Knöllchen. Einige bekannte sogenannte Brutfarne sind *Asplenium bulbiferum* und *Asplenium daucifolium.* Wenn man die jungen Pflänzchen sorgfältig von den Blättern abnimmt und gut versorgt, können sich daraus sehr schöne Pflanzen entwickeln. Diese Methode wird in der Regel aber nur von Pflanzenliebhabern praktiziert.
Die Erscheinung der Brutknospenbildung gibt es auch bei verschiedenen Gartenfarnen wie z.B. *Cystopteris bulbifera* und bei einer Reihe von Sorten von *Polystichum setiferum.* Wenn man in der zweiten Septemberhälfte Blätter mit Brutknospen von *Polystichum* abschneidet und sie bei einer Temperatur von etwa 20 °C in Kistchen mit einem humusreichen Substrat legt, dann entwickeln sich die Brutknospen zu jungen Pflanzen.

Ausläufer, Teilung

Der Schwertfarn *(Nephrolepis)* bildet Ausläufer, an deren Ende sich junge Pflanzen entwickeln. Diese Pflanzen können, wenn sie von der Mutterpflanze abgenommen und eingetopft werden, ein selbständiges Leben führen. Auch einige Gartenfarne (u.a. *Matteuccia*-Arten) bilden Ausläufer.
Eine Menge Farne, vor allem Gartenfarne, werden durch Teilung vermehrt. Bei einigen Arten geht das ganz leicht, weil sie im Boden Ausläufer bilden, wie der einheimische Adlerfarn *(Pteridium aquilinum).*
Bei anderen Farnen ist das schwieriger. Dann muß ein scharfer Spaten her, um die Pflanzen zu teilen. Das ist u.a. beim Königsfarn *(Osmunda regalis)* der Fall.
Das Teilen von Freilandfarnen erfolgt am besten im Frühjahr (März–April). Es kann aber auch im Herbst, dann aber zeitig (Anfang Oktober), erfolgen, damit die Pflanzen noch vor Winterbeginn mit dem Wachstum beginnen können. Über Winter sollten geteilte Pflanzen mit etwas Laub abgedeckt werden.

Gewebekultur

Eine ganz neue Vermehrungsmethode, die hier ausgeklammert werden soll, aber in einigen großen Betrieben erfolgreich angewendet wird, ist die Vermehrung durch Gewebekultur. Dabei werden aus sehr kleinen Stückchen Blattgewebe unter sehr speziellen Bedingungen in einem Laboratorium Jungpflanzen angezogen.

Farne in der Wohnung

Zimmerpflanzen gibt es nicht, so wird gelegentlich wohl gesagt. Diese Feststellung ist insoweit richtig, als es keine Pflanzen gibt, die allein oder bevorzugt im Zimmer wachsen. Es gibt aber eine Vielzahl von Pflanzen, die sich großartig an die ungünstigen Zimmerbedingungen anzupassen vermögen.
Unter den Zimmerpflanzen – sie sollen auch weiterhin so genannt werden – nehmen die Blattpflanzen einen wichtigen Platz ein. Dazu gehören auch viele Pflanzen, die in ihrem Herkunftsland zu den Sträuchern, ja selbst zu den Bäumen gerechnet werden müssen. Vielfach sind es auch Blütenpflanzen, die im Zimmer sehr oft gar nicht zur Blüte kommen. Ausnahmen gibt es aber auch hierbei. Zu den Blattpflanzen gehören natürlich die Farne. Ihre vielfach noch nicht erkannte Schönheit bedarf der Blütenpracht nicht.

Licht

Die meisten Farne sind Waldpflanzen. Das bedeutet auch, daß die meisten von ihnen kein direktes Sonnenlicht vertragen. Trotzdem müssen sie nicht immer ganz hinten in der dunkelsten Ecke des Zimmers versteckt werden. Das Lichtbedürfnis von Farnen ist jedoch sehr differenziert. So haben Geweihfarne beispielsweise ziemlich viel Licht nötig, während der Eisenfarn bereits mit sehr wenig Licht auskommt. Insgesamt kann aber festgestellt werden, daß Farne noch an Plätzen im Zimmer gebraucht werden können, an denen viele andere Pflanzen bereits versagen.

Luftfeuchte

Die meisten Farne wünschen eine etwas feuchtere Luft und, was einfacher zu erfüllen ist, einen immer gleichmäßig feuchten Topfballen. Mit einem Luftbefeuchter kann man leicht für die erwünschte feuchtere Luft sorgen. Das ist für einige Arten wie *Adiantum* besonders wichtig. Für viele andere Arten, auch für *Adiantum,* ist das regelmäßige Vernebeln von Wasser von großer Wichtigkeit. Im Handel sind Nebelspritzen, die sehr gut arbeiten, erhältlich. Dabei versteht es sich von selbst, daß bevorzugt Regenwasser verwendet wird, das auf Zimmertemperatur erwärmt wurde. Regenwasser kann leicht mit Hilfe eines Kunststoffbehälters an einer Regenrinne des Hauses aufgefangen werden.
Wie bereits gesagt wurde, verlangen nicht alle Farne eine so hohe relative Luftfeuchtigkeit. Gattungen wie *Platycerium, Phlebodium* und *Nephrolepis* behaupten sich auch gut in Räumen, in denen die Luft nicht so feucht ist. Das schließt aber nicht aus, daß auch diese Arten, mit Ausnahme von *Platycerium,* für gelegentliches Vernebeln von Wasser dankbar sind.

Bodenfeuchte

Farne verlangen immer einen möglichst gleichmäßig feuchten Topfballen. Ande-

rerseits sind sie gegen Staunässe, d.h. Wasser, das tagelang im Untersatz steht, sehr empfindlich. Darum ist eine gute Drainage unten im Topf von Wichtigkeit. Auf diese Weise kann überschüssiges Wasser leicht abgeführt werden.
Farne sind dankbar dafür, wenn sie ab und zu mitsamt dem Topf, in dem sie wachsen, in lauwarmes Wasser getaucht werden. Durch das Tauchen wird zugleich der Salzgehalt der Topferde herabgesetzt.
Bei Geweihfarnen ist Tauchen eigentlich die einzige Methode, um Wasser zu geben. Die Erde durch Gießen zu befeuchten, ist der großen, steilen Nischenblätter wegen, die oft einen Teil des Topfes „umarmen", sehr schwierig.
Sehr gute Erfahrungen sind mit Farnen, vor allem mit *Nephrolepis,* in Selbstbewässerungstöpfen und auch in Hydrokultur gemacht worden. In einem Selbstbewässerungstopf wächst die Pflanze wie gewöhnlich in Erde, nur daß sich unten im Topf ein Wasserreservoir befindet, aus dem über einen Docht Wasser zum Ballen aufsteigen kann. Auf diese Weise bekommt die Pflanze regelmäßig die richtige Wassermenge zugeführt.
Es ist aber nicht so, daß alle Farne gleichgroße „Trinkbrüder" sind. Vor allem *Pellaea rotundifolia* kann mit wenig Wasser auskommen und hält, genau wie der Geweihfarn, nichts von einer Dusche mit der Nebelspritze.
Im Zweifel kann man an den Blättern ziemlich genau bestimmen, welche Pflanzen viel und welche weniger Wasser brauchen. Farne mit glänzend grünen, lederartigen Blättern *(Cyrtomium falcatum)* kommen mit viel weniger Feuchtigkeit aus als z.B. *Adiantum*-Arten, die zarthäutige, dünne Blättchen besitzen.

Temperatur

Von der Temperatur kann gesagt werden, daß sie den Bedürfnissen der jeweiligen Art angepaßt sein sollte. Bei *Adiantum* soll sie nicht unter 18 °C sinken, während *Cyrtomium* (Sichelfarn) sich im Winter noch bei 5 bis 8 °C durchaus wohlfühlt. Im allgemeinen kann aber festgestellt werden, daß die meisten Farne sich bei normaler Zimmertemperatur recht gut entwickeln.

Umtopfen

Wenn Farne gut versorgt werden, gehören sie keinesfalls in die Kategorie der Wegwerfpflanzen. Ihr Wachstum ist bei angemessener Versorgung oft so gut, daß gelegentlich ein Umtopfen in ein größeres Gefäß erforderlich wird. Das geschieht am besten zu Beginn der neuen Wachstumsperiode, im Frühjahr also. Die überall erhältlichen Marken-Topferden sind dafür gut geeignet. Für einige empfindliche Arten sollte mitunter etwas Torfmull und scharfer Sand (Verhältnis z.B. 4 Teile Topferde, 1 Teil Torfmull, 1 Teil Sand) unter die Topferde gemischt werden.
Beim Umtopfen muß dafür gesorgt werden, daß der alte Topfballen möglichst intakt bleibt und gut feucht gemacht wird. Weil viele Farne echte Waldpflanzen sind, sollte die Erde beim Topfen auch nicht zu fest angedrückt werden. Geweihfarne läßt man besser in ihrem ursprünglichen Topf stehen. Es sind nämlich Epiphyten, d.h. Pflanzen, die auf anderen Pflanzen wachsen, ohne diesen zu schaden. Epiphyten haben vielfach nur sehr schwach entwikkelte Wurzeln. Ein hochbordiger Blumentopf ist daher ein unnatürlicher Standort.

Deshalb werden sie oft in Körbchen oder niedrige Orchideenkästen aus Holz gepflanzt und aufgehängt.

Düngung

Farne reagieren sehr empfindlich auf zuviel Salz in der Erde. Darum sollten zum Topfen und Umtopfen immer die nährstoffarmen Pikiererden genommen werden. Dennoch müssen auch Farne regelmäßig gedüngt werden. Es gibt dafür zwei Arten von Düngern: Mineraldünger und organische Dünger.
Wenn Mineraldünger gebraucht werden, sind reine Dünger, die die Nährsalze in hoher Konzentration und damit weniger Ballaststoffe enthalten, am besten geeignet. Mairol, Substral, Asef und andere Dünger kommen dafür in Frage. Natürliche Dünger sind u. a. getrockneter Kuhmist oder Knochenmehl.
Dabei sollte bedacht werden, daß natürliche Düngemittel viel langsamer wirken als Mineraldünger. Es bedeutet aber auch, daß solche Dünger rechtzeitig gegeben werden müssen. Naturdünger enthalten meist alle Nährstoffe, auch die sogenannten Spurenelemente, die nur in sehr kleinen Mengen von den Pflanzen benötigt und aufgenommen werden. Bei Mineraldüngern ist das nicht der Fall. Mit ihnen kann es leicht zu Verbrennungen kommen, wenn zuviel davon gegeben wird; bei Naturdüngern ist das nicht so schnell der Fall.
Farne werden im allgemeinen während der Wachstumsperiode einmal in 14 Tagen und im Winter einmal in zwei Monaten gedüngt.

Standort

So wie alle Zimmerpflanzen sind auch Farne empfindlich gegen Zugluft und häufigen Standortwechsel. Dennoch sind Farne sehr gute Zimmerpflanzen. Sie stellen keine allzu hohen Ansprüche und passen sowohl in modern, als auch in klassisch gestaltete Innenräume. In Räumen, in denen viel Holz verwendet wurde, sind Farne besonders schön.

Der Farngarten

Farne sollten in keinem Garten fehlen, nicht in der Staudenrabatte, nicht im Gehölzgarten und auch nicht im Steingarten oder in den dunklen Ecken hinten im Garten. In all diesen Fällen sind die Farne nur das Beiwerk.
Man kann die Sache auch umkehren und den Farnen die grüne Hauptrolle zuweisen. Ein Farngarten also, denn das große Reich der Farne ist eine Welt für sich.

Standort

So ein Garten gehört natürlich an einen schattigen Platz, und gleichzeitig muß der Boden sehr humusreich sein. Ist er das von Natur aus nicht, dann muß eine Menge Lauberde herangeschafft und leicht in den Boden eingearbeitet werden.
Die schattengebenden Bäume und Sträucher sollten möglichst auch Tiefwurzler sein, weil diese Eigenschaft die Voraussetzungen für eine gute Entwicklung der Farne vergrößert. Viele der für einen solchen Garten geeigneten Gehölzarten werden auf Seite 29 genannt.

Stauden als Begleiter

Auch wenn Farne in einem Farngarten natürlicherweise den Ton angeben, sollte man den manchmal düsteren Eindruck durch einige bunte Lichter erhellen.
Das kann mit Zwiebel- und Knollengewächsen wie Narzissen, Schneeglöckchen, Buschwindröschen, Hasenglöckchen *(Hyacinthoides non-scripta,* syn. *Scilla non-scripta)* und Hundszahn, an feuchten Stellen auch mit Schachbrettblume und Märzbecher und natürlich mit Lilien geschehen. Auch *Cyclamen hederifolium* (syn. *C. neapolitanum*) ist, sofern der Boden kalkreich ist, sehr zu empfehlen.
Von den Stauden, die als wichtige Statisten den Farnen zugesellt werden, seien einige Primelarten, Silberkerzen *(Cimicifuga),* Japanische Anemonen, Geißbart *(Aruncus),* die Feuerwerkspflanze *(Dictamnus), Rodgersia, Epimedium,* Waldmeister und Haselwurz *(Asarum)* genannt. Aber auch *Vinca minor* (Immergrün), Maiglöckchen, *Tiarella cordifolia,* der Frauenmantel *(Alchemilla),* das Duftsiegel *(Smilacina)* und das seltene Dreiblatt *(Trillium)* kommen dafür in Frage. *Uvularia,* eine amerikanische Waldpflanze, Märzveilchen, Akelei, *Corydalis lutea, Doronicum orientale,* verschiedene Christrosen *(Helleborus lividus* ssp. *corsicus, H. niger, H. foetidus, H. abchasicus, H. purpurascens, H. orientalis),* gelbe und bunte Taubnessel, Lungenkraut und *Lysimachia punctata* (Goldfelberich) sind ebenfalls geeignet. Das ist beinahe schon zuviel des Guten. Grundsatz sollte sein, daß die Begleitpflanzen niemals vorherrschen!

Geländegestaltung, Wege

Selbstverständlich können kleine Höhenunterschiede, etwa um feuchte Stellen zu bekommen, die Wirkung eines Farngar-

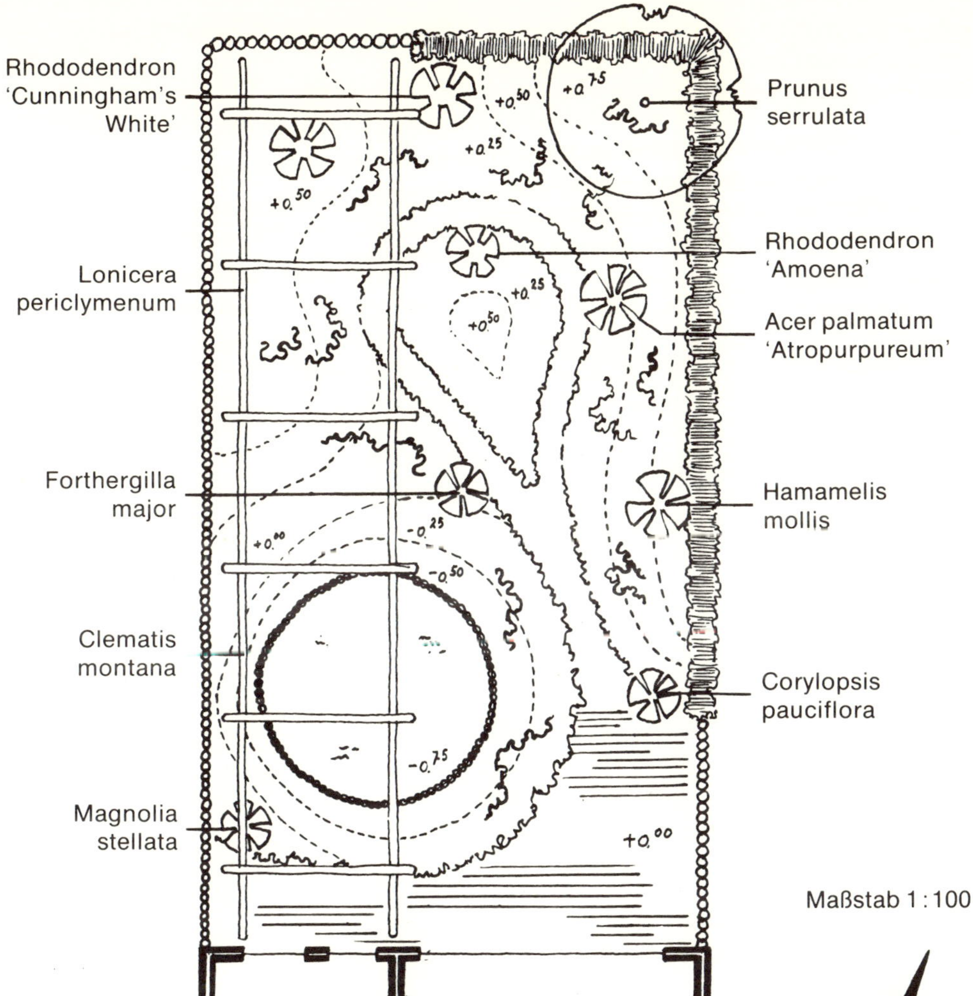

Kleiner Hintergarten nach Norden

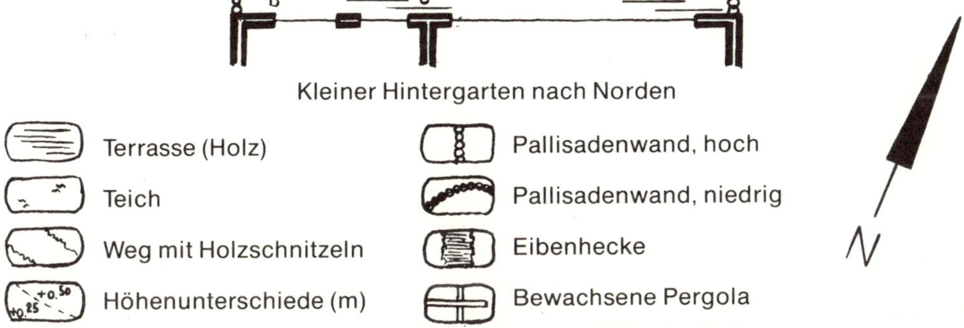

Es sind nur die Bäume und Sträucher angegeben. Für die Auswahl der Farne und der dazu passenden Pflanzen wie Stauden und Blumenzwiebeln wird auf den allgemeinen Teil und die Pflanzenlisten am Ende des Buches verwiesen.

tens stark erhöhen. Solche Höhenunterschiede werden z. B. gut durch gestapelte Torfsoden aufgefangen.
Die Wege im Farngarten verlaufen natürlich nicht rechtwinklig, sondern schlängeln sich zwischen den Farnen hindurch. Sie werden mit Holzspänen oder, wenn mehr Festigkeit erwünscht ist, mit Holzscheiben belegt. Wenn man dafür Akazienholz bekommen kann, ist es ideal, weil dieses Holz sehr hart und dauerhaft ist.

Auswahl der Pflanzen

Bei der Auswahl der Farne sollte Wert darauf gelegt werden, daß eine (begrenzte) Anzahl wintergrüner Arten dabei ist, um auch im Winter Freude am Farngarten zu haben.
Ideal ist es, wenn in einem Farngarten feste Nebeldüsen (Mikroregner) installiert sind, um das Kleinklima jederzeit so regeln zu können, daß sich die Farne optimal entwickeln.

Begleitpflanzen für Farne

In der deutschen Sprache gibt es das schöne Wort „Begleitpflanzen". Wer mit seiner Liebe zu Farnen in einem „fertigen" Garten, in dem viele gut entwickelte Bäume und Sträucher vorhanden sind, zum Zuge kommen will, der muß sich bei der Auswahl der Arten den jeweiligen Verhältnissen anpassen.

Bäume

In der Regel wird man dem gesamten Garten noch Gestalt geben können. Dabei sollte gut überlegt werden, welche Gehölze, Bäume und Sträucher, in einem Garten gepflanzt werden, in dem Farne von Anbeginn an eine wichtige Rolle spielen sollen.

Bei Bäumen sollte man sich nicht allein von ihrem Zierwert leiten lassen. Vor allem das Ausmaß, in dem die Krone Schatten bieten kann, ist von Bedeutung.

Gegen die sommerliche Mittagssonne müssen nahezu alle Arten von Farnen abgeschirmt werden. Aus den Erfahrungen vieler Gartenbesitzer und Fachleute ist deutlich geworden, daß Bäume mit lichten Kronen und Bäume, die tief wurzeln, als Sonnenschirm für Farne am besten geeignet sind. Das gilt natürlich auch für viele schattenbedürftige Stauden. Es versteht sich von selbst, daß Bäume mit lichten Kronen genügend diffuses Licht durchlassen, um Kräutern als Unterwuchs noch ein normales Wachstum zu ermöglichen. Tiefwurzelnde Gehölze sorgen dafür, daß die Feuchtigkeit in der Oberschicht des Bodens, wo die Farne etwas davon haben, nicht verbraucht wird. Das bedeutet zugleich, daß z.B. Kastanien und Buchen ebenso wie Tannen *(Abies)* und *Tsuga* als Schattenspender nicht geeignet sind. Auch Linden sind weniger brauchbar, vor allem, weil sie vom Rußtaupilz befallen werden. Die Farne, die darunter stehen, werden dann auch von der schwarzen, klebrigen Masse überzogen.

Von Bäumen, die ihrer guten Eigenschaften wegen am besten geeignet sind, seien genannt:

Betula pendula, B. pubescens, B. papyrifera, B. ermanii, Malus floribunda, M. 'Eleyi', *Sorbus aucuparia, Ginkgo biloba, Metasequoia glyptostroboides, Larix, Pseudolarix, Prunus serrula* (mit einem schönen mahagonifarbenen Stamm) sowie verschiedene hochaufgeästete *Pinus*-Arten.

Sträucher

Was die Sträucher anbelangt, wird immer, und das zu Recht, zuerst an *Rhododendron*-Arten gedacht und dabei sowohl an wintergrüne als auch an laubabwerfende Arten. Es ist wenig sinnvoll, hier Arten und Sorten zu nennen, weil das Sortiment so überwältigend groß ist. Die meisten Arten und Sorten würden dabei dann doch ungenannt bleiben. Es muß aber beachtet werden, daß *Rhododendron* nur auf sauren Böden gut wachsen, d.h. auf Böden mit einem niedrigen pH-Wert.

Von der Vielzahl der übrigen Sträucher ist eine ganze Menge brauchbar. Welche ausgewählt werden, hängt ganz vom Geschmack des Pflanzers ab. Dabei sollte aber beachtet werden, daß keine Arten und Formen mit weichen und hängenden Zweigen gewählt werden, weil die Farne unter ihnen keine Chancen haben.

Einige Anregungen sollen gegeben werden. So sind *Corylus avellana* 'Contorta' und auch *Salix matsudana* 'Tortuosa' mit ihren gedrehten Zweigen sehr schön in Gärten, in denen Farne vorherrschen. Aber auch auf die Zaubernuß und andere Frühblüher wie *Corylopsis pauciflora* (Scheinhasel) wird man ungern verzichten.

In der Aufzählung dürfen die schwachwachsende *Magnolia stellata* und die zierlichen Formen des japanischen Ahorns *(Acer palmatum)* ebensowenig fehlen wie *Viburnum plicatum* und *Ribes sanguineum.*

Ferner seien einige botanische Rosen genannt, wie *Rosa moyesii* mit ihren flaschenförmigen Früchten und *R. omeiensis* f. *pteracantha,* die so auffällige durchlaufende und rot durchscheinende Stacheln besitzt.

Zwischen kleinen Farnen macht aber auch *Fothergilla major* (Federbuschstrauch) eine gute Figur, und das vor allem im Herbst, wenn sich die Blätter orangerot färben.

Auch *Mahonia*-Arten, die wintergrün sind, und einige *Cotoneaster*-Arten sind brauchbar.

Auf dem Erdboden kann Efeu für einen jederzeit grünen Teppich sorgen. Dieser einheimische Klimmer kann aber auch kahle Hausmauern bedecken, eventuell in Gesellschaft mit verschiedenen *Clematis*- und *Lonicera*-Arten.

Stauden

Es gibt eine ganze Reihe von Stauden, die ungefähr dieselben Anforderungen an Boden und Standort stellen wie die Farne, die in diesem Buch besprochen werden. Sie können eine willkommene, farbenreiche Abwechslung zwischen Farnen bilden. Umgekehrt können sie in einem Garten, in dem sie den Ton angeben, auch die Schönheit einzelner Farne unterstreichen. Die nach dem Geschmack des Verfassers am besten geeigneten Arten sollen hier aufgezählt werden.

Da sind in erster Linie einige *Helleborus*-Arten, von denen die gewöhnliche stinkende Nieswurz *(Helleborus foetidus)* noch am besten geeignet ist. Aber auch der Fingerhut *(Digitalis),* die spätblühende *Cimicifuga* (Silberkerze) und Herbstanemonen in Rosa, Rot und Weiß dürfen nicht fehlen. Sehr geeignet sind natürlich auch *Astilbe, Aruncus* (Geißbart), *Hepatica* (das Leberblümchen) und allerlei Primelarten. Ebensowenig dürfen Maiglöckchen, Salomonssiegel. *Dictamnus* (Feuerwerkspflanze), *Rodgersia, Ligularia, Smilacina,* die schwer erhältlichen *Trillium*-Arten und *Cornus canadensis,* aber auch *Alchemilla* (Frauenmantel) mit seinen gelbgrünen Blüten im Juni–Juli, *Ajuga* natürlich und überall große Polster *Asperula,* heute *Galium odoratum* genannt, fehlen.

Ein „Muß" ist auch eine Anzahl von *Hosta*-Arten und -Sorten. Wie man sieht, ist es viel zuviel, um alles aufzunehmen. Auch Taubnessel, sowohl die gefleckte als auch die gelbe, *Vinca minor,* die hübsche *Tiarella* und die eindrucksvollen *Ligularia* fühlen sich in der Gesellschaft der Farne wohl. Und das gilt nicht zuletzt auch für *Trollius,* einige nicht so aufdringliche

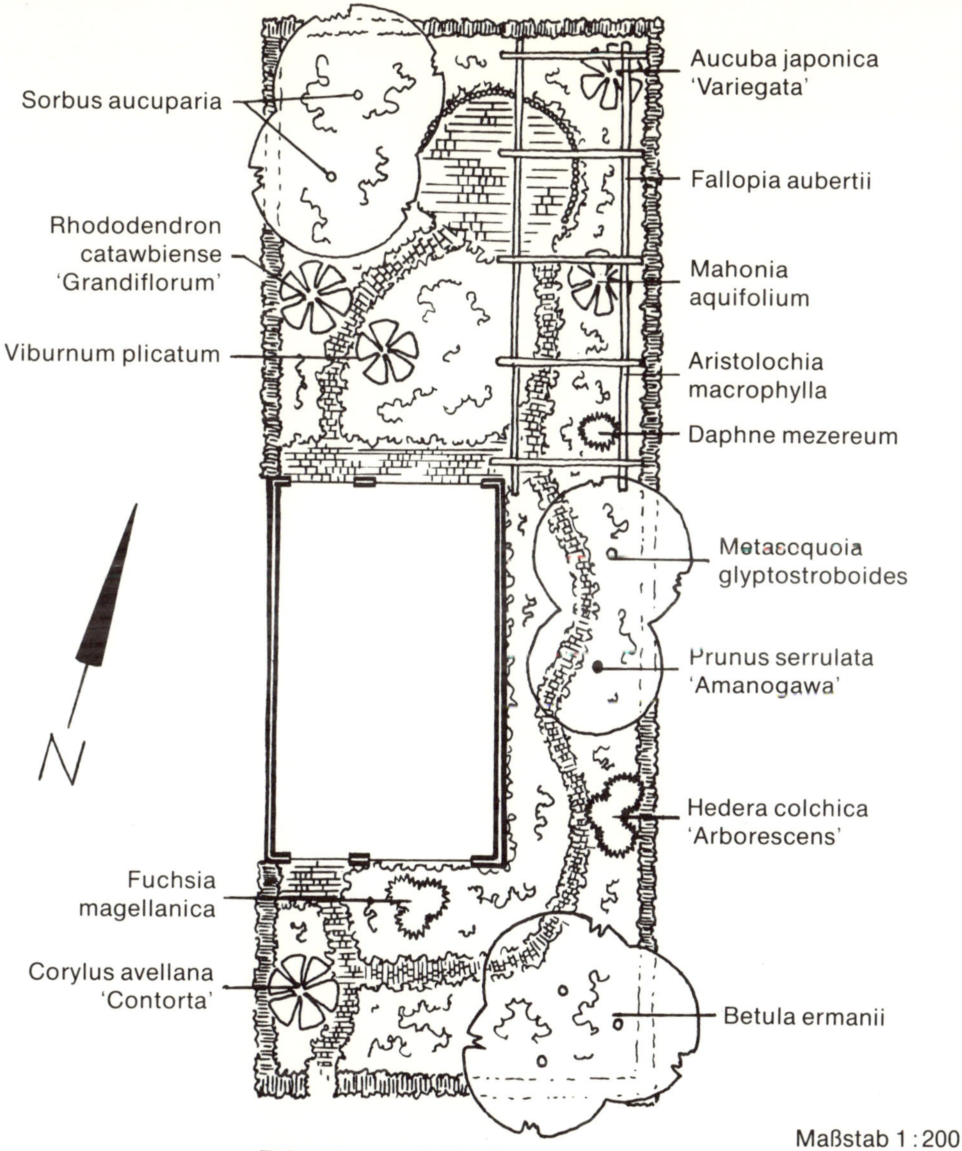

Eckgarten nach Norden

Polygonum-Arten und für Akelei, die sich selbst aussäen.
Mit Zwiebeln und Knollen muß man sich etwas in acht nehmen. Aber man kann davon ausgehen, daß kein vernünftiger Mensch großblumige Tulpen und Hyazinthen zwischen seine Farne pflanzt. Nein, dann besser viele Schneeglöckchen, Märzbecher, Hasenglöckchen und immer *Chionodoxa, Puschkinia, Scilla sibirica* und *Hyacinthoides hispanica* (syn. *S. hispanica).* Die unbedingt notwendigen Narzissen bekommen einen Platz, und, nicht zu vergessen, allerlei Arten von Lilien.
Zum Schluß seien *Fritillaria imperialis* (Kaiserkrone) und *F. meleagris* (Schachbrettblume oder Kibitzei) genannt und, nicht zu vergessen, viele Buschwindröschen *(Anemone nemorosa)* und wilde *Cyclamen.*
Die meisten Gräser sind Pflanzen für sonnige und oft auch trockene Plätze. Es sind aber auch einige Arten in der Gesellschaft von Farnen gut zu gebrauchen. Von den echten Gräsern ist das vor allem *Molinia arundinacea* 'Karl Fœrster', das Riesen-Pfeifengras, das mehr als 1 m hoch wird und sich im Herbst goldbraun färbt. Ein anderes sehr schönes Pfeifengras ist *Molinia caerulea* 'Moorhexe' mit beinahe schwarzen Blütenähren.
Von den Seggen wäre *Carex morrowii* 'Variegata', eine wintergrüne Pflanze mit buntem Blatt, die zierliche Horste bildet, vorzumerken und nicht zu vergessen *Luzula sylvatica* und *L. nivea* (Hainsimse).

Einjährige

Einjährige Pflanzen gehören nicht unbedingt in den Farngarten. Eine Ausnahme könnten hier und da spontan auflaufende Pflanzen von *Lobularia maritima,* dem Duftsteinrich, und *Polygonum capitatum* bilden, die sich auch im Schatten gut behaupten.

Krankheiten und Schäden

Wie bei anderen Pflanzengruppen nimmt die Zahl der Schäden auch bei Farnen zu, wenn die Pflanzen nicht unter möglichst natürlichen Verhältnissen aufwachsen können. Bei den Gartenfarnen ist es einfacher, die natürlichen Wachstumsumstände zu bieten, als bei Farnen, die in Zimmern und Wohnräumen wachsen müssen.

Freiland

Die Zahl wirklicher Probleme ist bei Gartenfarnen glücklicherweise äußerst gering. Selbst Blattläuse kommen nur selten oder gar nicht vor. Auch Raupen und Schnecken tun sich nur in Ausnahmefällen an Gartenfarnen gütlich. Zwar können Erdraupen und die Larven der Wiesenschnake gelegentlich einmal an den Wurzeln fressen. Da die Farne aber viele Wurzeln haben, führt das nur selten zum Absterben von Pflanzen. Gelegentlich kommen Älchen vor. Ein chemisches Mittel dagegen, dessen Anwendung verantwortet werden kann, ist dafür noch nicht gefunden. Wenn also von Älchen befallene Pflanzen entdeckt werden – die Blätter werden bei Befall gelbbraun, später schwarz und sterben ab –, dann müssen diese vorsichtig mit Wurzelballen möglichst vollständig aus dem Boden entfernt und verbrannt werden.

Großer Schaden kann durch Nachtfröste entstehen, Vor allem früh austreibende Arten haben öfter Kummer damit. Schäden treten aber auch auf, wenn grünbleibende Arten in der Winterperiode einige Zeit durch die Sonne beschienen werden. Dem kann vorgebeugt werden, indem Tannen- oder Fichtenzweige an der Sonnenseite in den Boden gesteckt werden, die die Pflanzen beschatten.

Zimmer

In Zimmern gibt es bei Farnen vor allem Ärger mit Schildläusen, Wolläusen, Grüner und Schwarzer Blattlaus, Larven der Farnhaarmücke und auch Älchen.

Schildläuse findet man vor allem an langsam wachsenden Arten wie *Asplenium nidus* und *Platycerium.* Auf den Blättern zeigen sich kleine braune Buckel, unter denen sich die Schädlinge befinden. Von den Tieren wird viel Honigtau ausgeschieden, der sehr klebrig ist und Möbel sowie Fensterscheiben beschmiert. Man kann den Schädling bekämpfen, indem man die Schildchen mit einem in Spiritus getauchten Pinsel betupft. Wenn das regelmäßig geschieht, verschwinden die Läuse auf Dauer. Auch sogenannte Pflanzenstäbchen, die neben der Pflanze in die Erde gesteckt werden, haben eine gute Wirkung.

Wolläuse, träge, weiß bepuderte Tiere, können auf dieselbe Art und Weise wie Schildläuse bekämpft werden. Wolläuse finden sich oft in großer Zahl an mehr oder weniger verborgenen Stellen der Pflanzen.

Die Larven der Farntrauermücke, auch Sciara-Larven genannt, verursachen vor allem Ärger bei sehr jungen Pflanzen und bei Vorkeimen. Sie befinden sich im Bo-

den und tun sich an den unterirdischen Teilen der Pflanze gütlich.
Rotenon, das aus den Wurzeln der Derris-Pflanze gewonnen wird, ist ein gutes Bekämpfungsmittel gegen die Larven, ist aber nicht immer erhältlich. Die Mücken selbst, die keinen direkten Schaden verursachen, können mit pyrethrumhaltigen Mitteln bekämpft werden.

Wie bereits gesagt, kann man gegen Älchen nichts ausrichten, jedenfalls nicht als Pflanzenliebhaber in der Wohnstube.
Es versteht sich wohl von selbst, daß Sonnenbrand, Austrocknen des Topfballens, zu niedrige relative Luftfeuchtigkeit, Zugluft und zu niedrige Temperaturen bei Zimmerfarnen auch viele Schäden verursachen können.

Oben: *Adiantum pedatum* (links) und *Osmunda regalis* (rechts).

Unten: *Phyllitis scolopendrium* (links) und *Polystichum setiferum* 'Plumosum Densum' (rechts).

Gattungen und Arten

Actiniopteris

Actiniopteris australis

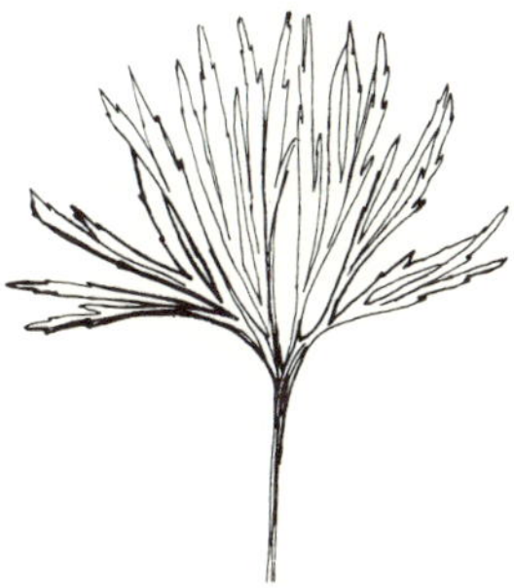

Gattung: *Actiniopteris*
Art: *australis*
Synonyme: *A. radiata*
Familie: Actiniopteridaceae
Deutscher Name: –
Heimat: Tropisches Afrika und Asien
Beschreibung: Farn von stark abweichender Form. Besitzt kurze Blattstiele, die sich seitlich verzweigen. Die Blätter sind 10 bis 20 cm lang und ähneln eher bestimmten Palmen als einem Farn. Das Blatt ist glänzend, dünn und mit vielen Zipfeln, die sehr schmal sind.
Standort: Ein Farn für trockene Standorte, an denen verhältnismäßig viel Licht durchdringen kann.
Verwendung: Zimmerpflanze
Ansprüche: Weil der Farn wenig Wasser braucht und verhältnismäßig hell stehen kann (kein direktes Sonnenlicht), ist er im Zimmer gut zu verwenden. Nachts kann die Temperatur auf 13 bis 15 °C absinken.
Im Sommer regelmäßig gießen und dafür sorgen, daß der Ballen nicht trocken wird. Im Winter verhältnismäßig trocken halten. Dieser eigenartige Farn kann im Sommer auch draußen stehen.

Vermehrung: Farne bilden keine Samen, sondern große Mengen sehr kleiner Sporen. Aus den Sporen wachsen zunächst Vorkeime (oben links), auf denen sich männliche (Antheridien) und weibliche (Archegonien) Geschlechtsorgane mit jeweils halber Chromosomenzahl entwickeln. Wenn die beweglichen Schwärmsporen der Antheridien mit der Eizelle (Archegonium) verschmelzen, wachsen aus dem Vorkeim junge Farnpflanzen mit doppelter Chromosomenzahl (oben rechts). Wenn sie groß genug sind (Mitte links), werden sie einzeln getopft (Mitte rechts) und wachsen heran, um im weiteren Verlauf Sporen zu bilden (unten links). Beim Hirschzungenfarn (unten rechts) sind die Sporen in lineal, schräg zur Längsachse des Blattes angeordneten Sporenkapseln (Sporangien) enthalten.

Sorten: –

Besonderheiten: Besonders elegant in der Form und sehr dekorativ. Eine Zimmerpflanze mit großer Zukunft.

Adiantum

Gattung: *Adiantum*

Art: *hispidulum*

Synonyme: *A. pubescens*

Familie: Adiantaceae

Deutscher Name: Steifhaariger Haarfarn

Heimat: Tropisches Asien und Afrika, Neuseeland, Australien

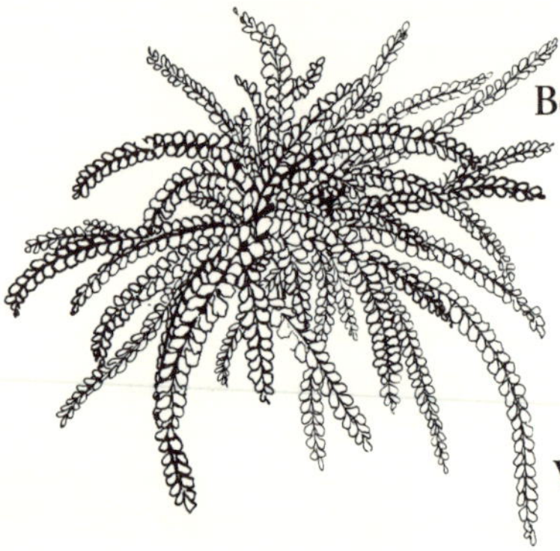

Beschreibung: Farn mit 20 bis 40 cm langen Wedeln, die kurz und rauh behaart sind. Fiederblättchen klein, schief bis rautenförmig und am oberen Rand feingezähnt. Die Wedel sind zierlich gebogen, die jungen Fiederblättchen anfänglich rosa.

Standort: In subtropischen Gebieten unter Bäumen, wo die Luftfeuchtigkeit hoch ist.

Verwendung: s. *A. raddianum*

Ansprüche: s. *A. raddianum.* Kann vielleicht etwas kühler kultiviert werden.

Sorten: –

Besonderheiten: Weicht im Habitus ziemlich von anderen Arten dieser Gattung ab.

Adiantum hispidulum

Gattung: *Adiantum*

Art: *pedatum*

Synonyme: –

Familie: Adiantaceae

Deutscher Name: Pfauenrad- oder Hufeisenfarn

Heimat: Nordamerika, Kanada, Japan, China, Ostsibirien

Beschreibung: Farn mit bis zu 60 cm hohen, meist aber 30 bis 40 cm langen Wedeln auf schwarzen, drahtigen Stielen.
Die Blätter sind einmal gefiedert, haben Hufeisenform und sind bis zu 30 cm breit. Die Fiederblättchen sind kurzgestielt, oval bis rautenförmig und etwa 2 cm lang.

	Die Blattfarbe ist hellgrün. Neue Wedel erscheinen bis zum Ende des Sommers. Im Spätsommer verfärben sich die Pflanzen glänzend goldgelb.
Standort:	Steht am heimatlichen Standort in humusreicher Erde unter Laubbäumen. Wächst häufig am Ufer von Flüssen und Wasserfällen.
Verwendung:	Auf humusreichen Böden im Schatten wächst dieser Farn ausgezeichnet. Auch für kleine Gärten geeignet, weil die Ausbreitung nur langsam erfolgt.
Ansprüche:	Ein geschützter Standort sollte es sein, scharfer Wind bekommt den Pflanzen nicht.
Sorten:	'Imbricatum', auch als Varietät (var.) *aleuticum* bekannt, 'Compactum' und 'Nanum'. 'Nanum' ist eine kleinwüchsige Form (20 cm), die etwa blaugrüne Fiedern besitzt und auch für den Steingarten geeignet ist. 'Japonicum': Beim Austrieb sind die Fiederblätter auffallend rosarot.
Besonderheiten:	Aus Kanada eingeführte Pflanzen wurden in Frankreich früher als probates (?) Mittel gegen Lungenkrankheiten gebraucht.

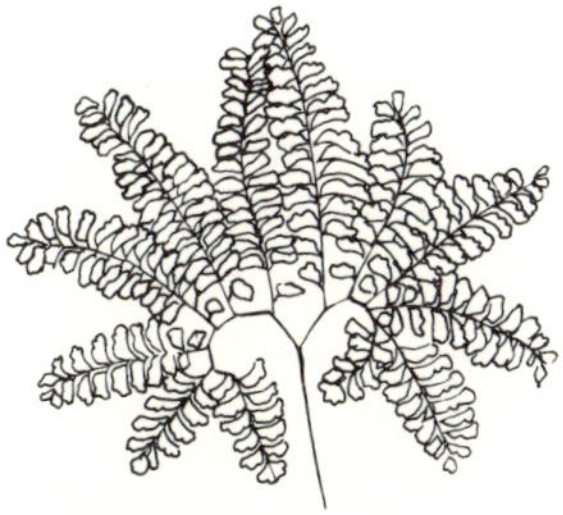

Adiantum pedatum

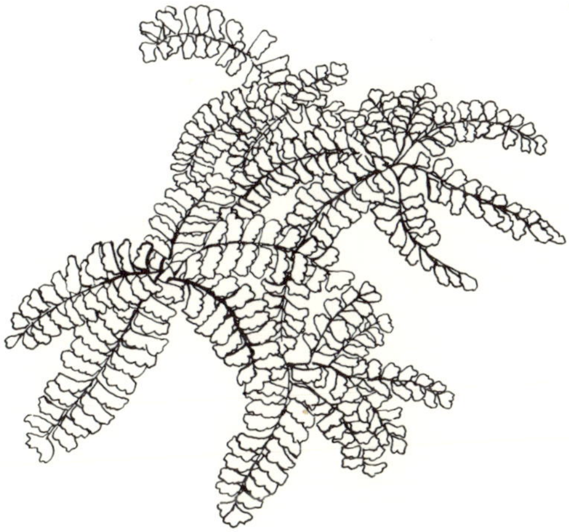

Gattung:	*Adiantum*
Art:	*peruvianum*
Synonyme:	–
Familie:	Adiantaceae
Deutscher Name:	–
Heimat:	Ekuador bis Bolivien
Beschreibung:	Grobe Art mit 7 bis 10 cm großen Fiederblättern. Sie sind vor allem an der Basis so breit, daß sie einander überlappen. Die jungen Fiederblätter sind anfänglich rosa gefärbt.
Standort:	Tropische Regenwälder
Verwendung:	s. *A. raddianum*
Ansprüche:	s. *A. raddianum*
Sorten:	–
Besonderheiten:	Kommt in der Kultur nicht so oft vor.

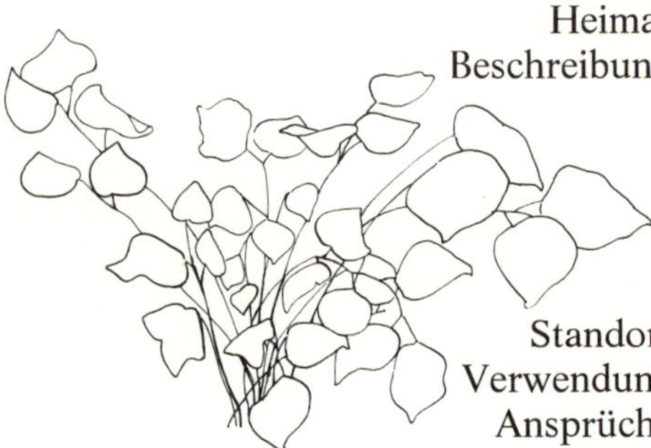

Adiantum peruvianum

Gattung:	*Adiantum*
Art:	*raddianum*
Synonyme:	*A. cuneatum, A. decorum*
Familie:	Adiantaceae
Deutscher Name:	Frauenhaarfarn
Heimat:	Tropisches Amerika, insbesondere Brasilien.
Beschreibung:	Zierlicher Farn mit auffallend dunkelfarbenen Stielen. Blätter drei- bis vierfach gefiedert. Zunächst wachsen die Fiederblättchen aufrecht, später sind sie zierlich zurückgebogen. Die Fiederblättchen sind an der Basis keilförmig. Die Wurzeln der Art sind einigermaßen holzig.
Standort:	Tropische Regenwälder
Verwendung:	Zimmerpflanze
Ansprüche:	Mit Blick auf den heimatlichen Standort sind diese *Adiantum*-Arten und -Sorten im Zimmer nicht so einfach zu halten, vor allem in der Sommerperiode nicht. Wärme, nicht zuviel Licht und eine hohe relative Luftfeuchte sind erforderlich. Zugluft vertragen die Pflanzen überhaupt nicht.

Sie müssen mindestens einmal in der Woche in ein Gefäß mit lauwarmem Regenwasser getaucht werden. In der Wachstumsperiode muß alle zwei Wochen gedüngt werden, aber nur mit ¼ der üblichen Konzentration.

Adiantum raddianum 'Brilliantelse'

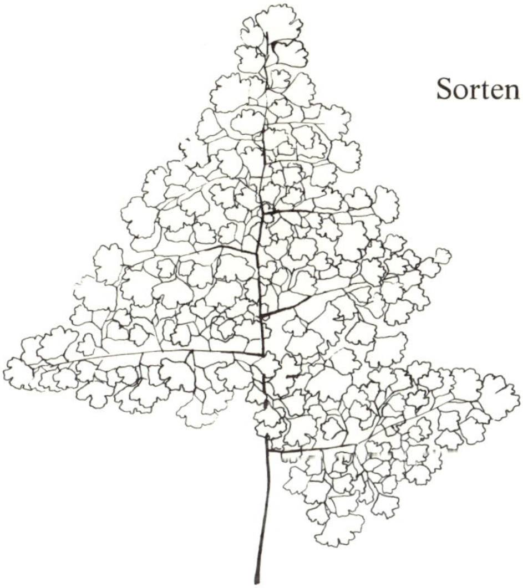

Sorten: In Kultur sind u.a. die Sorten 'Brillantelse' und 'Goldelse'. Beide Sorten haben im Jugendstadium schön bronzefarben getönte Fiederblätter, die später hellgrün werden.

Außerdem werden regelmäßig angeboten:

'Fritz Lüthii', eine steil- und steifwachsende Sorte mit stark verzweigten Wedeln. Die Fiederblättchen sind klein und dicht aufeinandersitzend. Die Sorte fällt echt aus Sporen.

'Fragrantissimum' ist eine kräftig wachsende Sorte mit hellgrünen Blättern, die drei- bis vierfach gefiedert sind. Die Fiederblättchen sitzen nicht so dicht aufeinander. Die Spitzenfiedern sind immer größer als die unteren Fiederblättchen.

Besonderheiten: Es gibt noch mehr Sorten, doch die sind in Kulturen selten. Auch die reine Art kommt in der Kultur wenig oder gar nicht vor.

Adiantum tenerum 'Scutum Roseum'

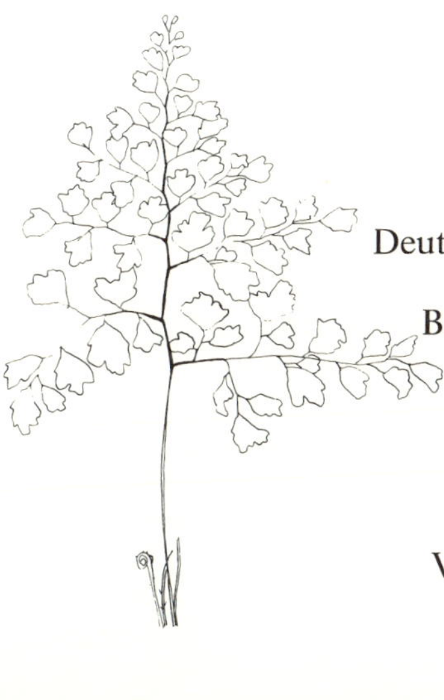

Gattung: *Adiantum*
Art: *tenerum*
Synonyme: –
Familie: Adiantaceae
Deutscher Name: Frauenhaarfarn
Heimat: Florida, Antillen, Mexiko bis Peru
Beschreibung: Farn mit drei- bis vierfachgefiederten Blättern und dünnen, zarten Blattfiedern. Mit einem Knötchen am Ansatz des Stieles. Raschwüchsig. Die jungen Blattfiedern sind hübsch grün.
Standort: Tropische, feuchte Wälder
Verwendung: Zimmerpflanze

Ansprüche: s. *A. raddianum,* aber vielleicht ist diese Art noch etwas zarter.
Sorten: In Kultur ist gegenwärtig nur noch 'Scutum Roseum' mit großen, im Austrieb rötlichen Blattfiedern.
Besonderheiten: –

Gattung: *Adiantum*
Art: *tinctum*
Synonyme: *A. decorum, A. wagneri*
Familie: Adiantaceae
Deutscher Name: Zierlicher Haarfarn
Heimat: Tropisches Amerika, Peru
Beschreibung: Die Blätter sind zwei- bis dreifach gefiedert, keilförmig, anfangs rötlich, später grün. Die Blattfiedern sind an der Spitze schwach gelappt, die untersten Fiederblättchen kurz gestielt.
Standort: Tropischer Regenwald
Verwendung: Zimmerpflanze
Ansprüche: s. *A. raddianum*
Sorten: 'Grossum Bicolor' (auch als *A. grossum* 'Bicolor' gehandelt), eine monströse Form mit großen, sitzenden Fiederblättchen, die dicht beieinander stehen und sich dadurch stark überlappen.
Besonderheiten: Die Art wird nicht kultiviert, die Sorte gelegentlich wohl. Ein hübscher, aber schwieriger Farn.

Adiantum tinctum 'Grossum Bicolor'

Gattung: *Adiantum*
Art: *venustum*
Synonyme: –
Familie: Adiantaceae
Deutscher Name: Himalaja-Frauenhaarfarn
Heimat: Himalaja (Afghanistan, Nepal)
Beschreibung: Ähnelt den Gewächshausformen der Gattung. Wächst rasenförmig und bildet lange, kriechende Wurzelstöcke, aus denen sich regelmäßig bis zu 40 cm lange Wedel entwickeln, die drei- bis vierfach gefiedert

	sind. Die Form ist dreieckig. Die Fiederblättchen sind sehr klein, vielfach nicht mehr als 1 cm. Sehr zierlicher Farn mit zarten Wedeln.
Standort:	Wächst im Gebirge bis zu einer Höhe von 2400 m.
Verwendung:	Gartenpflanze
Ansprüche:	Braucht einen schattigen, kühlen und feuchten Standort mit rohhumusreichem Boden. Die jungen Wedel sind anfänglich grün, verfärben sich aber im Herbst und werden dann bronzefarben. Im Frühjahr müssen die alten Wedel abgeschnitten werden, um die Entwicklung der jungen nicht zu stören. Eine Winterdecke aus trockenem Laub ist von Nutzen.
Sorten:	–
Besonderheiten:	Auch für ein kaltes oder temperiertes Gewächshaus, das gut schattiert werden kann, sehr geeignet. Wenn das Haus leicht erwärmt ist, kann der Farn über Winter im Wachstum gehalten werden.

Adiantum venustum

Arachniodes

Gattung:	*Arachniodes*
Art:	*adiantiformis*
Synonyme:	*Rumohra adiantiformis, Polystichum adiantiforme*
Familie:	Aspidiaceae
Deutscher Name:	Lederfarn
Heimat:	Südafrika, Mittel- und Südamerika, Australien, Neuseeland, Polynesien
Beschreibung:	Buschig wachsender Farn mit lederartigen Blättern, die zwei- bis dreifach gefiedert sind. Die Wedel können 70 cm lang werden. Der Wurzelstock ist dick, kriechend und dicht mit langen, rotbraunen Schuppen besetzt.
Standort:	Epiphytisch wachsender Farn. In Tasmanien ist er typisch für Schluchten, in denen auch andere Farne wachsen. Kommt oft in Massen auf den Stämmen von Baumfarnen vor.

Verwendung:	Zimmerpflanze
Ansprüche:	Ein kräftiger Zimmerfarn, der auch etwas niedrigere Temperaturen (nachts bis 10 °C) verträgt. Widerstandsfähig auch gegen geringere relative Luftfeuchtigkeit. Liebt einen etwas schattigen Platz. Im Sommer mäßig feucht halten und im Winter wenig Wasser geben. Die Wedel bleiben lange schön.
Sorten:	–
Besonderheiten:	Kann im Sommer sehr gut draußen stehen. In günstigen Lagen sollte man ihn sogar als Gartenfarn versuchen. Das könnte gelingen, wenn der Winter mild ist und wenn für eine Abdeckung mit trockenem Laub gesorgt wird. Wird als Schnittgrün in der Binderei verwendet, gern auch zusammen mit Orchideen.

Asplenium

Gattung:	*Asplenium*
Art:	*daucifolium*
Synonyme:	*A. viviparum*
Familie:	Aspleniaceae
Deutscher Name:	Streifenfarn, Brutfarn
Heimat:	Mauritius, Réunion
Beschreibung:	Zierlicher Farn mit zwei- bis dreifach gefiederten Blättern. Die Wedel sind 30 bis 60 cm lang und bis zu 20 cm breit. Der Blattstiel ist kurz.
Standort:	Der Farn wächst auf dem Boden von tropischen Regenwäldern, wo es immer feucht ist.
Verwendung:	Zimmerpflanze
Ansprüche:	Die Pflanze benötigt wenig Licht, braucht aber eine hohe relative Luftfeuchtigkeit. Regelmäßiges Vernebeln von Regenwasser ist daher notwendig. Das normal beheizte Zimmer ist von der Temperatur her geeignet. Im Winter kann die Temperatur bis auf etwa 14 °C fallen. In der Wachstumszeit sollte alle 14 Tage

nachgedüngt werden, bevorzugt mit getrocknetem Kuhdung.

Sorten: –

Besonderheiten: Auf der Oberseite älterer Blätter werden regelmäßig kleine Knöllchen gebildet, aus denen sich kleine Farnpflanzen entwikkeln. Diese kleinen Farne können leicht von den Blättern abgenommen und weiterkultiviert werden.

Gattung: *Asplenium*
Art: *nidus*
Synonyme: *A. nidus-avis*
Familie: Aspleniaceae
Deutscher Name: Nestfarn
Heimat: Tropisches Asien, tropisches Australien, Polynesien, Ostafrika

Beschreibung: Der Nestfarn ist einer der wenigen Farne, die ungeteilte Blätter besitzen. Sie sind auf dem Wurzelstock so angeordnet, daß sie einen Trichter bilden. Daher auch der Name (Vogel-)Nestfarn. In den Blattrosetten wird durch abgefallenes Laub Humus gebildet. Die Blätter sind glänzend frischgrün und pergamentartig starr.
Bei älteren Pflanzen, die unter optimalen Bedingungen wachsen, erreichen die Blätter eine Länge von 100 cm und eine Breite von 20 cm. Im Zimmer bleiben sie wesentlich kleiner. Die Sporenhäufchen auf der Blattunterseite sind in geraden Streifen angeordnet.

Asplenium nidus

Standort: Der Nestfarn ist ein Epiphyt, eine Pflanze also, die auf anderen Pflanzen wächst.

Verwendung: Zimmerpflanze

Ansprüche: Epiphyten besitzen schlecht entwickelte Wurzeln. Darum sind flache Töpfe, ein luftiges Erdegemisch mit kleinen Torfbrocken und etwas getrocknetem Kuhdung richtig. Eine gut funktionierende Drainage unten im Topf ist eine weitere wichtige Wachstumsvoraussetzung.

Sorten: 'Fimbriatum' mit gefranstem Blattrand.
Besonderheiten: Die Pflanze bekommt leicht braune Blattränder, vor allem, wenn die Luft zu trokken ist. Schildläuse suchen sich den Nestfarn besonders gern als Wirtspflanze aus.

Asplenium ruta-muraria

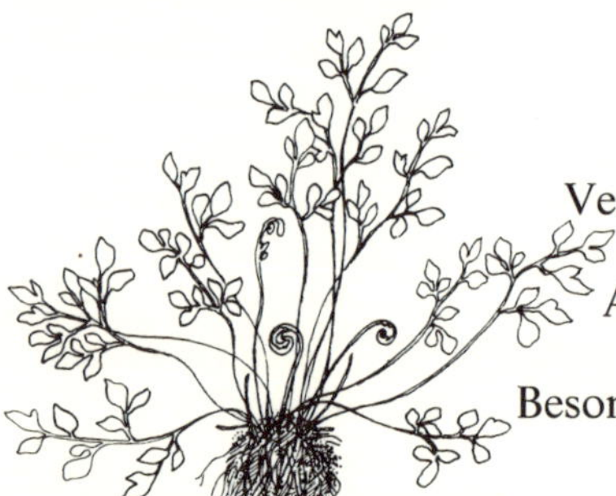

Gattung: *Asplenium*
Art: *ruta-muraria*
Synonyme: –
Familie: Aspleniaceae
Deutscher Name: Mauerraute
Heimat: Europa, Kleinasien, Nordafrika, östliches Nordamerika
Beschreibung: Dieser kleine, mauernbewohnende Farn wird 3 bis 12 cm hoch. Die kleinen Wedel sind zwei- bis dreifach gefiedert. Die Fiedern sind unregelmäßig in ihrer Form und einschließlich Blattstiel dunkelgrün.
Standort: Wächst in der Natur auf Mauern, in Mauer- und Steinritzen und in Höhlen, bevorzugt auf Kalkgestein. Kommt in den Bergen bis in Höhen über 2500 m vor. Wächst am liebsten im Schatten, behauptet sich aber auch an sonnigen Plätzen. Der kleine Farn kann Trockenzeiten gut überstehen.
Verwendung: In Steingärten und auf alten Trockenmauern gut zu gebrauchen.
Ansprüche: Keine besonderen Ansprüche.
Sorten: –
Besonderheiten: Wurde früher als Heilmittel gegen die Englische Krankheit (Rachitis) gebraucht. Die Pflanze wird selten und nur von Spezialbetrieben angeboten.

Gattung: *Asplenium*
Art: *trichomanes*
Synonyme: –
Familie: Aspleniaceae
Deutscher Name: Steinfeder, Streifenfarn

Heimat:	Farn der gemäßigten und kalten Zonen in der ganzen Welt. Kommt auch in Höhenlagen wärmerer Zonen vor.
Beschreibung:	Auf einem kurzen, schwarz geschuppten Stämmchen stehen 5 bis 20 cm lange, einfach gefiederte, fast linealische wintergrüne Blätter. Die Fiederblättchen sind dunkelgrün und ihr Rand fein gezähnt. Blattstiel und Mittelrippe sind schwarz.
Standort:	Auf alten Mauern, in Felsschluchten, aber auch auf alten Baumstubben. Feuchte, schattige Plätze werden bevorzugt. Der kleine Farn behauptet sich aber auch auf helleren und trockeneren Standorten ganz gut.
Verwendung:	Sehr gut als Steingartenpflanze und in den Fugen alter Mauern zu gebrauchen.
Ansprüche:	Keine Besonderheiten
Sorten:	'Cristata' ist eine seltene, an der Spitze gekrauste Form
Besonderheiten:	–

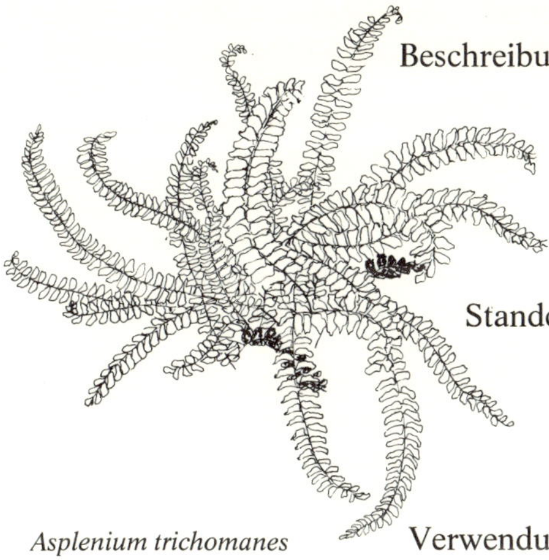

Asplenium trichomanes

Athyrium

Gattung:	*Athyrium*
Art:	*filix-femina*
Synonyme:	*Polypodium filix-femina, Asplenium filix-femina*
Familie:	Athyriaceae
Deutscher Name:	Frauenfarn
Heimat:	Europa, Nordwestafrika, Asien, Nordamerika, Mexiko und Südamerika
Beschreibung:	Die bis 150 cm langen, zwei- bis dreifach gefiederten Wedel sind bei der genannten Länge 35 bis 40 cm breit und hellgrün. Ähnelt etwas dem Wurmfarn *(Dryopteris filix-mas),* ist aber feiner unterteilt, weil jeder Fiederzipfel noch wieder tief eingeschnitten ist (s. Zeichnung). Anfänglich bilden die Wedel einen Trichter, aber auf Dauer entsteht eine mehr buschige Pflanze. Eine Art mit vielen Gartenformen.

Standort: Meistens in Wäldern und entlang von Gräben. Liebt leicht beschattete Standorte. In den europäischen Gebirgen bis an die Baumgrenze aufsteigend; in Tirol bis 2000 m.

Verwendung: Der Frauenfarn ist für die Pflanzung von Gruppen in großen Gärten besonders geeignet. Durch seine Größe fällt er sehr auf. In kleineren Gärten als Solitärpflanze zu gebrauchen. Gedeiht sowohl im lichten Schatten als auch auf sehr dunklen Plätzen.

Die mittelgroße Form 'Cristatum' bekommt einen Platz etwas mehr im Vordergrund. Die kleinere 'Minutissimum' gehört in das vorderste Glied.

Die etwas aus der Art schlagenden Formen 'Frizelliae' und 'Victoriae' wiederum brauchen einen Platz, an dem sie ihre etwas fremdartige Erscheinung voll zur Geltung bringen können!

Athyrium filix-femina

Ansprüche: Keine außergewöhnlichen Ansprüche.

Sorten: Vor etwa 100 Jahren gab es an die 200 verschiedene beschriebene Kultursorten. Jetzt, wo die Bedeutung der Farne wieder stark zunimmt, tauchen da und dort wieder Sorten auf. Hier sollen nur vier bemerkenswerte Formen namentlich genannt werden.

'Cristatum'. Es gibt eine unglaubliche Anzahl von Cristata-Formen, die untereinander kleine Unterschiede aufweisen. Diese, die den deutschen Namen „Hahnenkamm-Frauenfarn" trägt, ist es wert, in die Sammlung aufgenommen zu werden.

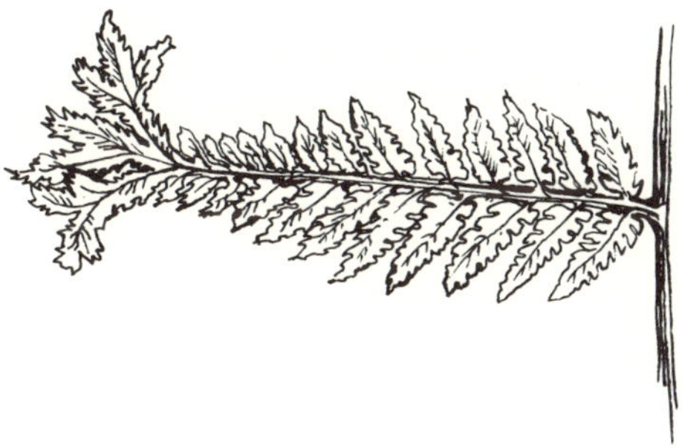

Athyrium filix-femina 'Cristatum'

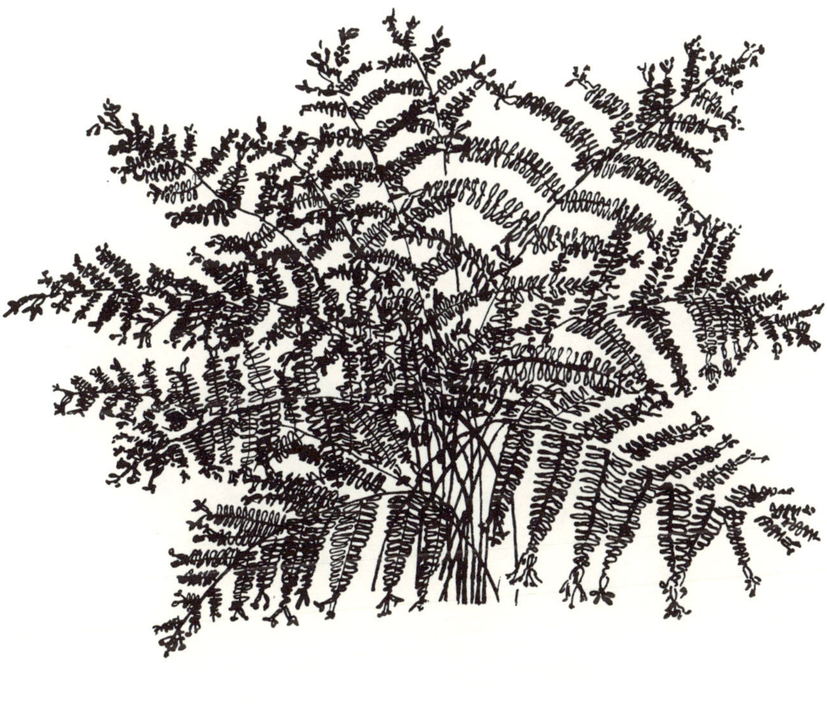

'Frizelliae'. Eine sehr eigenartige Form, die vor etwa 125 Jahren in Irland (Mrs. Frizell) gefunden wurde. Die Form, auch Halbmond-Frauenfarn genannt, hat um 40 cm lange Wedel, die oft nicht mehr als 1 cm breit sind. Die untersten Fiederblättchen sind zusammengewachsen und von runder Form.

'Minutissimum' ist eine kleine Form der gewöhnlichen Art. Sie wird höchstens 35 bis 40 cm hoch.

'Victoriae' ist vielleicht die schönste Form des Frauenfarns, die bekannt ist. Sie wird auch „Queen of Ferns" („Königin der Farne") genannt. Die Sorte wurde vor mehr als 100 Jahren an einem Landweg in Schottland gefunden. Die Wedel werden 30 bis 35 cm lang und maximal 10 cm breit. Sowohl von oben als auch von unten laufen sie schmal zu. Die Fiederblättchen stehen abwechselnd nach oben und nach unten in einer unnatürlich wirkenden Regelmäßigkeit. Die Spitze bildet ein kleines „Händchen".

Besonderheiten: –

Athyrium filix-femina 'Frizelliae'

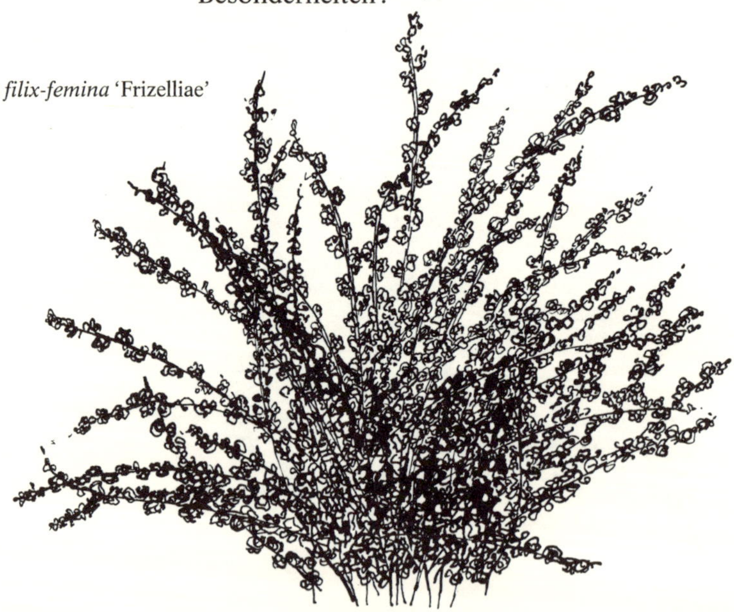

Gattung:	*Athyrium*
Art:	*goeringianum*
Synonyme:	–
Familie:	Athyriaceae
Deutscher Name:	Japanischer Regenbogenfarn
Heimat:	Japan, Korea, Formosa, Mandschurei
Beschreibung:	Ein Farn mit höchstens 75 cm langen Wedeln und langen Blattstielen (± 30 cm). Die Blätter sind doppelt gefiedert, ihre Form kann als eiförmig zugespitzt umschrieben werden. Die Fiederblättchen sind gezähnt und auffällig gefärbt. Stiel, Mittelrippe und Seitennerven sind rötlich und heben sich schön gegen das Silbergrau der Blättchen ab. Wächst ziemlich kompakt.
Standort:	Kommt in großen Gruppen in lichten Wäldern vor. In der Natur findet man sowohl Exemplare mit hellgrünen, dunkelgrünen, gelbgrünen als auch solche mit metallgrünen Blättern. Die letztgenannte Form läuft in den Kulturen unter der Bezeichnung 'Pictum' und bei Benutzung des Synonyms *A. nipponicum* als 'Metallicum'.
Verwendung:	Im Garten sehr gut in kleinen Gruppen. Nicht allzu dunkle, aber wohl beschattete Plätze sind geeignet.
Ansprüche:	Gegen grelle Sonne schützen. Das Blatt erfriert beim ersten Nachtfrost. Im Spätherbst viel trockenes Laub zwischen die Pflanzen bringen.
Sorten:	–
Besonderheiten:	–

Blechnum

Gattung:	*Blechnum*
Art:	*brasiliense*
Synonyme:	*Stenochlaena tabulare, B. boryanum, Lomaria magellanica*
Familie:	Blechnaceae
Deutscher Name:	Brasilianischer Rippenfarn

Heimat:	Brasilien, Peru, Falkland-Inseln, Feuerland, Südafrika, Australien, Neuseeland
Beschreibung:	Die Pflanze bildet einen niedrigen Stamm, der mit schwarzbraunen, faserigen Schuppen bekleidet ist. Die jungen Wedel sind braunrot und verfärben später nach grün. Das lederartige Blatt ist einfach gefiedert und kann bis zu 75 cm lang werden. Der Mittelnerv fällt sehr ins Auge.
Standort:	Wächst in gemäßigten Zonen, vor allem an sehr feuchten Stellen.
Verwendung:	Zimmerpflanze. Es würde sich sicher lohnen, in günstigen Lagen einmal mit der Kultur dieses Farnes im Garten zu experimentieren. Ein geschützter und schattiger Platz ist dafür aber nötig.
Ansprüche:	Stets genügend feucht halten.
Sorten:	–
Besonderheiten:	In Großbritannien gilt dieser Farn als vollkommen winterhart. Wahrscheinlich gilt das auch für Holland und sicher auch für begünstigte Lagen im Westen und Südwesten der Bundesrepublik. Die Art braucht einen feuchten Standort und im Winter einen Schutz.

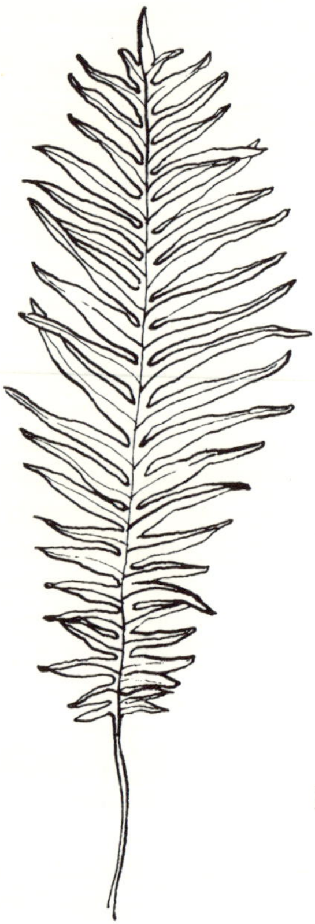

Blechnum gibbum

Gattung:	*Blechnum*
Art:	*gibbum*
Synonyme:	*Lomaria gibba*
Familie:	Blechnaceae
Deutscher Name:	Höckeriger Rippenfarn
Heimat:	Neukaledonien, Neue Hebriden
Beschreibung:	Stammbildender Farn, der auch Zwergbaumfarn genannt werden könnte. Die gefiederten Wedel können bis 1 m lang werden und stehen so, daß eine trichter-

---

Polypodium vulgare 'Cornubiense'.

förmige Rosette entsteht. Der kurze Blattstiel ist schwarz geschuppt.

Blechnum gibbum

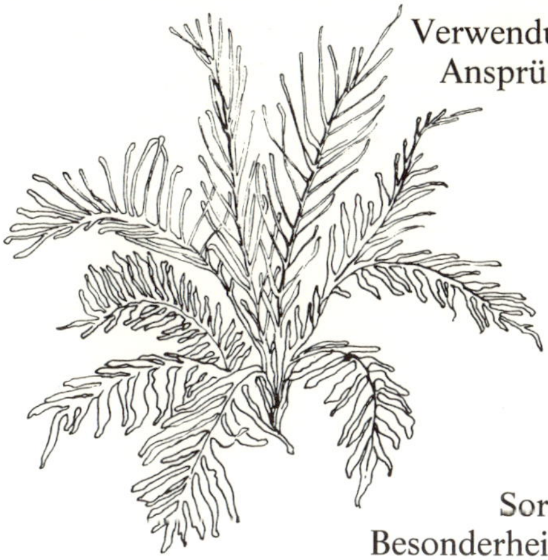

Standort: Ursprünglich ein Waldfarn in Gebieten mit einem gemäßigten Klima.

Verwendung: Sehr gute Zimmerpflanze.

Ansprüche: Gute Ergebnisse werden erzielt, wenn der Standplatz genügend hell ist, aber nicht von der Sonne erreicht werden kann. Die Temperatur kann im Winter bis auf 15 °C absinken. Im Sommer können die Temperaturen, wenn der Topfballen genügend feucht bleibt, auch ziemlich hoch ansteigen. Das Blatt nicht besprühen.
Im Frühjahr und Vorsommer alle zwei Wochen nachdüngen, aber immer nur mit halber Konzentration.

Sorten:

Besonderheiten: –

Gattung: *Blechnum*

Art: *penna-marina*

Synonyme: –

Familie: Blechnaceae

Deutscher Name: Seefeder, Feuerlandfarn

Heimat: Kälteres Südamerika, Neuseeland, Südaustralien, Tasmanien

Beschreibung: Ähnelt stark unserem einheimischen Rippenfarn *(Blechnum spicant),* ist aber kleiner und zierlicher. Die fertilen Wedel werden bis 20 cm hoch. Kennzeichnend auch für diese Art sind horizontal wachsende sterile und aufrecht wachsende fertile Wedel. Das Blatt ist dunkelgrün und lederartig. Bildet dichte Rasen.

Standort: Wächst unter ähnlichen Bedingungen wie unser Rippenfarn, aber auf der südlichen Erdhalbkugel.

Oben: *Pteridium aquilinum* (links) und *Asplenium trichomanes* (rechts).

Unten: *Athyrium filix-femina* (links) und *Adiantum pedatum* 'Imbricatum' (rechts).

Verwendung:	Ist für schattige, nicht zu trockene Plätze im Steingarten zu empfehlen.
Ansprüche:	Keine Besonderheiten. Auch im gewöhnlichen Ziergarten als Bodendecker zu gebrauchen.
Sorten:	'Dura'. Besonders harte Sorte.
Besonderheiten:	–

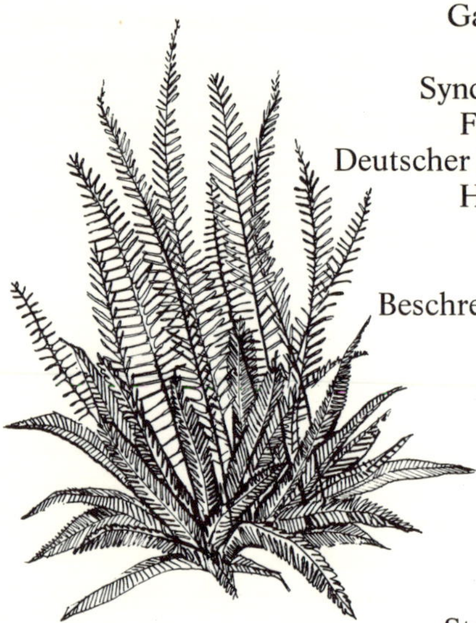

Blechnum spicant

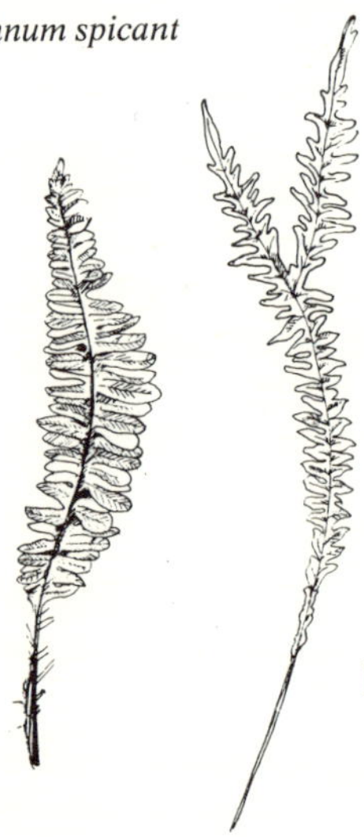

Gattung:	*Blechnum*
Art:	*spicant*
Synonyme:	–
Familie:	Blechnaceae
Deutscher Name:	Rippenfarn
Heimat:	Nördliche gemäßigte Zone rund um den Erdball. In Holland selten, in Belgien hie und da, in Deutschland verstreut.
Beschreibung:	Die meist rosettenartig dem Boden anliegenden sterilen Blätter sind einfach gefiedert und dunkelgrün. So bleiben sie auch im Winter. Länge der Blätter bis 30 und 40 cm. Die fertilen Wedel stehen aufrecht, mit fischgrätenartiger Silhouette. Wenn die Sporen reif sind, sterben die fertilen Wedel, die bis 30 cm lang werden können, ab.
Standort:	Wächst vor allem in feuchten Wäldern und dort speziell an schattigen Gräben, Teichen und Wallhecken, immer auf saurem Boden.
Verwendung:	Sehr gute Gartenpflanze, nicht nur der hübschen Blätter wegen, sondern auch, weil diese im Winter grün bleiben. Wächst auch noch an sehr dunklen Plätzen; der Boden muß aber feucht genug und sauer sein.
Ansprüche:	Es muß vor allem genügend Torf in den Boden gemischt werden, wo der Farn gepflanzt werden soll. Verträgt keinen Kalk.
Sorten:	–
Besonderheiten:	Der verschiedenartigen Wedel wegen heißt der Farn in Holland „Doppellaubfarn".

Botrychium

Gattung:	*Botrychium*
Art:	*lunaria*
Synonyme:	–
Familie:	Botrychiaceae
Deutscher Name:	Mondraute
Heimat:	Kalte und gemäßigte Zone auf der nördlichen und südlichen Halbkugel (Europa, Asien, Amerika, Australien und Neuseeland)
Beschreibung:	Im Boden findet man einen kleinen Wurzelstock mit einem kleinen Wedel, der an der Basis von braunen Schuppen umgeben ist. Die Blattspreite ist einfach gefiedert, die Fiedern sind halbmondförmig. An der Spitze der kleinen Pflanze befindet sich eine „Feder", die dicht mit Sporenbehältern besetzt ist. In Wirklichkeit sitzen die Behälter auf einem interessant geteilten, besonderen Stielchen. Höhe der Pflanze 5 bis 20 cm.
Standort:	In der Heide und in den Dünen. Vor allem aber auf mäßig trockenem, armen Grasland. Selten und unter Naturschutz.
Verwendung:	In Heidegärten echter Pflanzenliebhaber, sofern die Pflanzen eingetauscht wurden. Soll trocken bis mäßig feucht stehen.
Sorten:	–
Besonderheiten:	Die Art ist nicht in Kultur.

Ceterach

Gattung:	*Ceterach*
Art:	*officinarum*
Synonyme:	*Asplenium ceterach*
Familie:	Aspleniaceae
Deutscher Name:	Schriftfarn, Schuppenfarn
Heimat:	Mittel- und Südeuropa, auch Asien und Afrika. Ist vor allem aus dem Mittelmeergebiet bekannt.
Beschreibung:	Ein Farn, der flache, dichte Rosetten bildet. Die lederartigen Blätter sind schmallanzettlich, fiederteilig und bis 15 cm lang mit rundlichen Fiederabschnitten. Auf der Oberseite sind die Wedel graugrün und

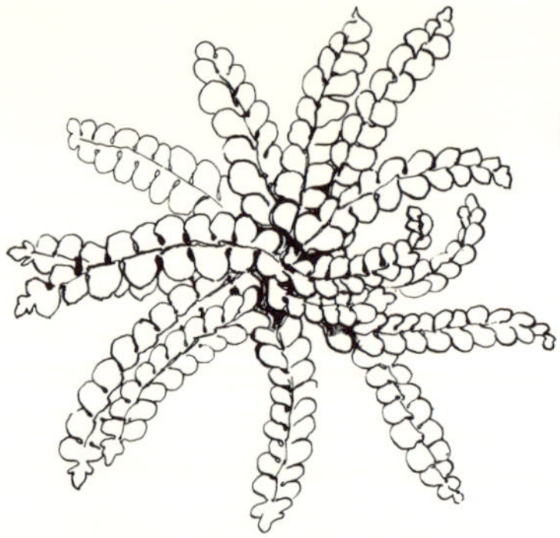

Ceterach officinarum

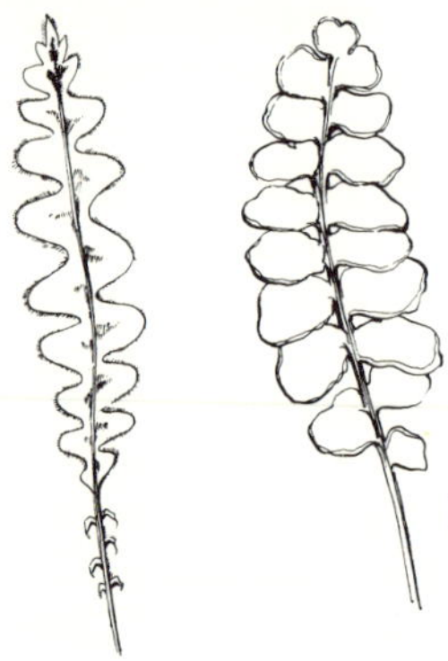

unterseits anfänglich silbrig, später rostbraun.

Standort: Der Schriftfarn liebt trockene, sonnige Standorte, speziell auf alten Mauern und in Felsspalten. Er ist damit einer der wenigen Xerophyten unter den Farnen, ein wahrer „Durstkünstler".
Bei großer Trockenheit rollen sich die Blätter auf. Die Pflanze wirkt dann wie tot. Nach Regenfällen erholt sie sich rasch.

Verwendung: Sehr gut im Steingarten zu verwenden, bevorzugt in sonnigen, trockenen Mauern.

Ansprüche: Der Boden muß genügend Kalk enthalten. Darauf achten, daß die Pflanzen vor allem im Winter nicht zu naß stehen. Kann bei strengem Frost erfrieren. Darum ist Deckmaterial nützlich. Eventuell im Kalthaus überwintern.

Sorten: –

Besonderheiten: Der Schriftfarn wurde früher als Mittel gegen Milz- und Leberkrankheiten gebraucht.

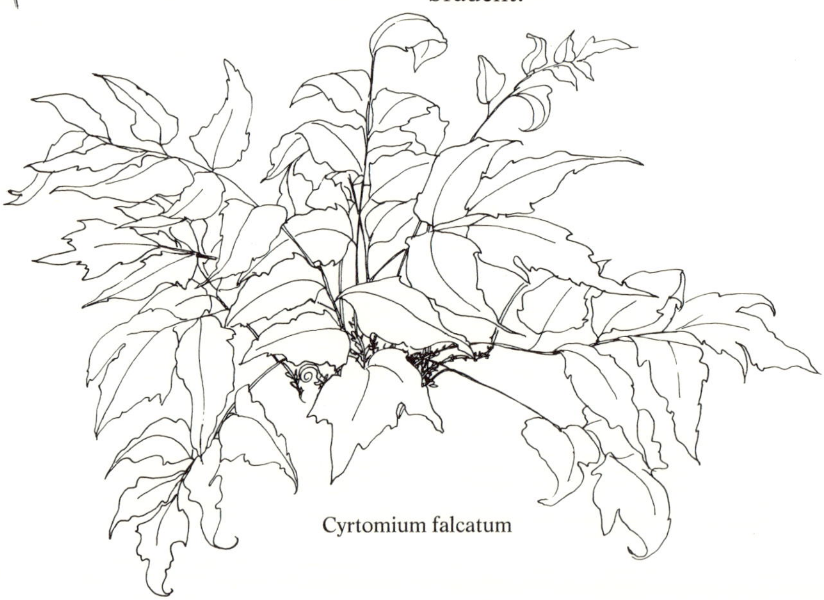

Cyrtomium falcatum

Cyrtomium

Gattung: *Cyrtomium*
Art: *falcatum*
Synonyme: *Aspidium falcatum, Polystichum falcatum, Phanerophlebia falcata*
Familie: Aspidiaceae
Deutscher Name: Sichelfarn
Heimat: China, Japan, Korea, Polynesien, Südafrika
Beschreibung: Der Sichelfarn bildet auf einem kurzen Stamm oberseits glänzend grüne, lederartige Blätter, die einfach gefiedert sind. Gut entwickelte Exemplare können mehr als 50 cm hoch werden.

Auffallend sind die Blattstiele, die, wie der Stamm, an der Basis dunkelbraun geschuppt sind.

Standort: Der Sichelfarn wächst noch an den dunkelsten Plätzen. Die Pflanzen brauchen wenig Wärme. Sie lieben einen kühlen Standplatz und einen Boden mit genügend Humus.

Verwendung: Zimmerpflanze

Ansprüche: Dieser Farn ist überall „einsetzbar", auch an schier unmöglichen Plätzen.

Als Topfpflanze wird er am besten kühl (5 bis 10 °C) überwintert. Aber das ist nicht zwingend erforderlich. Regelmäßiges Umtopfen und Nachdüngung mit getrocknetem Kuhdung sind von Nutzen.

Er wird im Sommer oft nach draußen gestellt (Mai bis September), kann aber auch ausgepflanzt als Gartenpflanze eingesetzt werden. Er bleibt in milden Wintern grün und muß bei strengem Frost mit trockenem Laub abgedeckt werden. Als Gartenpflanze braucht er einen schattigen Platz. Außerdem sollte der Boden viel Humus enthalten.

Sorten: 'Rochefordianum' ist wüchsiger und schöner als die Art, vor allem durch die tiefen, unregelmäßigen Blatteinschnitte.

Besonderheiten: Die Pflanzen werden im Zimmer leicht von Schild- und Wolläusen befallen (s. Abschnitt „Krankheiten und Schäden").

Cyrtomium falcatum

Gattung: *Cyrtomium*
Art: *fortunei*
Synonyme: *Rolystichum falcatum* var. *fortunei*
Familie: Aspidiaceae
Deutscher Name: Schildfarn
Heimat: China, Japan, Korea
Beschreibung: Ähnelt dem bekannteren *C. falcatum* etwas. Hat mehr aufrechtstehende, dunkelgrüne Blätter ohne glänzende Oberhaut. Blattrand der Endfieder gesägt.
Die Pflanzen können 50 bis 75 cm hoch werden.
Standort: Wächst in Japan zwischen Felsen und in Mauerfugen. Verträgt sehr viel Schatten und kann auch Trockenzeiten überdauern.
Verwendung: Vor allem als winterharter und in milden Wintern auch wintergrüner Gartenfarn für feuchte, schattige Plätze. Auch für sehr dunkle Standorte geeignet.
Ansprüche: Muß auch gegen die Strahlen der Wintersonne geschützt werden und ist daher für die Pflanzung unter wintergrünen Gehölzen (*Rhododendron* und andere) geeignet. Wächst langsam.
Wird bisweilen auch als Zimmerpflanze gebraucht. Ist gegen trockene Luft wenig empfindlich.
Sorten: 'Butterfieldii'. In Japan gefundene Sorte mit dunkelgrünen und glänzenden Blättern.
Besonderheiten: –

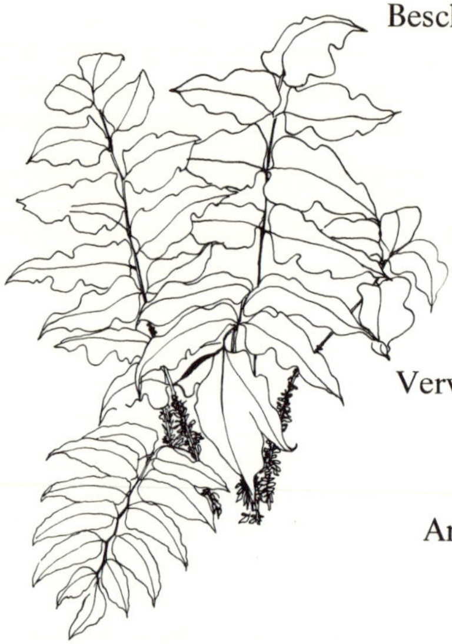

Cyrtomium fortunei

Cystopteris

Gattung: *Cystopteris*
Art: *bulbifera*
Synonyme: –
Familie: Athyriaceae
Deutscher Name: Zwiebeltragender Blasenfarn
Heimat: Atlantisches Nordamerika
Beschreibung: Farn mit schlanken, sommergrünen, ebenmäßigen Wedeln, die etwa 50 bis 60 cm hoch und 10 cm breit werden. Blattspreite

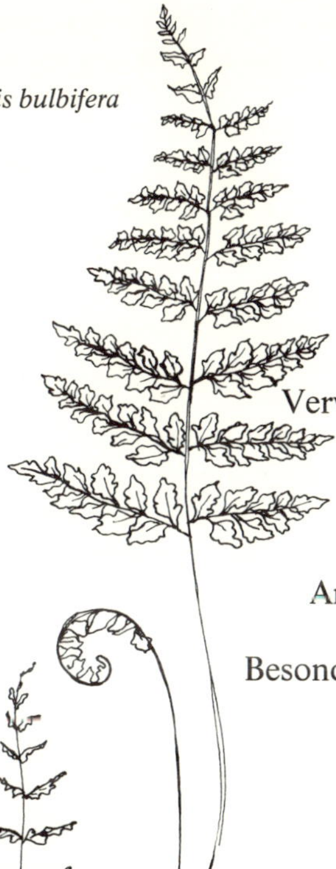

Cystopteris bulbifera

zwei- bis dreifach gefiedert. Die Fiederblättchen stehen dicht beieinander und überdecken sich teilweise. Blattspitze etwas hängend.
In den oberen Fiederachseln bilden sich die erbsengroßen Brutknospen. Ausläufertreibend.

Standort: Wächst auf feuchten Felsen, bevorzugt auf Kalkgestein, aber auch an feuchten Plätzen mit dicker Humusauflage im Wald.

Verwendung: Durch die ziemlich helle Farbe der Blätter sehr schön und dadurch zwischen Immergrünen und Koniferen wie *Rhododendron, Taxus* und *Prunus laurocerasus* stark kontrastierend.

Ansprüche: Keine besonderen Ansprüche.

Sorten: –

Besonderheiten: Im Herbst fallen die Brutknospen von den Blättern ab. Im folgenden Frühjahr entwickeln sich daraus junge Pflänzchen.

Gattung: *Cystopteris*

Art: *fragilis*

Synonyme: –

Familie: Athyriaceae

Deutscher Name: Zerbrechlicher Blasenfarn

Heimat: Kosmopolit

Beschreibung: Kurzer, stark verzweigter Wurzelstock. Wedel 20 bis 35 cm lang und zart, länglich bis lanzettlich und hellgrün. Doppelt gefiedert. Blattstiel verhältnismäßig lang und spröde. Die untersten Fiedern meistens sehr klein. Bildet bis in den Herbst neue Blätter.

Standort: Bevorzugt auf schattigen Lichtungen, an Hohlwegen und auf alten, feuchten Mauern.

Verwendung: Vor allem für größere Steingärten und auch zur Begrünung alter Mauern.

Ansprüche: Keine besonderen Ansprüche.

Sorten: –

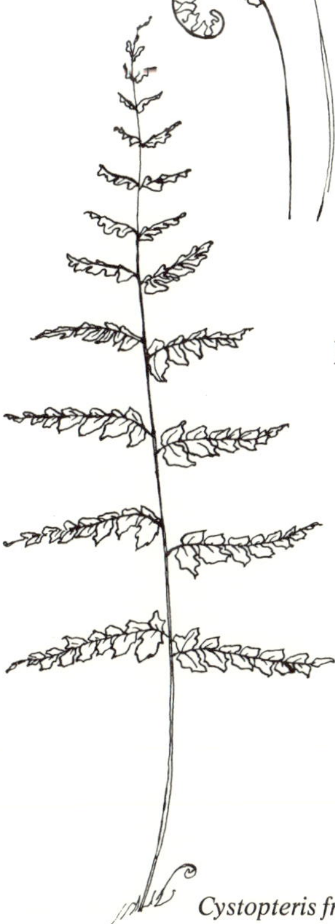

Cystopteris fragilis

Besonderheiten:	Auch im Polgebiet anzutreffen, damit der am weitesten nördlich wachsende Farn. Den Namen Blasenfarn hat er von den bläschenförmig aufgetriebenen Hüllen der Sporenbehälter.

Davallia

Gattung:	*Davallia*
Art:	*bullata*
Synonyme:	–
Familie:	Davalliaceae
Deutscher Name:	Davallie
Heimat:	China, tropisches Asien
Beschreibung:	Vor allem durch den dicken, kriechenden Wurzelstock, der auf dem Boden wächst und stark behaart ist, auffallender Farn. Die Blattspreite ist zwei- bis dreifach gefiedert, 20 bis 30 cm lang und 10 bis 20 cm breit.
Standort:	Dieser Farn wächst epiphytisch in Gebieten, in denen Temperaturen und relative Luftfeuchtigkeit hoch sind.
Verwendung:	Zimmerpflanze
Ansprüche:	Wird in Hängekörbchen und flachen Töpfen in sehr lockerer, humusreicher Erde kultiviert. Die auf dem Boden wachsenden Rhizome werden mit Drahthaken auf der Oberfläche befestigt. Hohe Luftfeuchtigkeit und Schutz gegen Sonne sind erforderlich. Die Pflanzen vertragen sowohl wenig als auch viel Licht. Die Topferde muß mäßig feucht gehalten werden. Die Temperatur soll auch nachts nicht unter 16 bis 18 °C fallen. Tagsüber kann sie auch stark ansteigen, wenn die relative Luftfeuchtigkeit nur hoch genug ist.
Sorten:	–
Besonderheiten:	–

Gattung:	*Davallia*
Art:	*canariensis*
Synonyme:	–
Familie:	Davalliaceae

Deutscher Name: Davallie
Heimat: Spanien, Portugal, Marokko, Kanarische Inseln, Madagaskar

Davallia canariensis

Beschreibung: Hat größere und breitere Wedel als *D. bullata:* 30 bis 50 cm lang und 20 bis 30 cm breit. Die Blattspreite ist dreifach gefiedert, etwas lederig und hellgrün. Auch diese Art hat die typischen stark behaarten Wurzelstöcke.
Standort: Epiphytischer Farn. Die Art wächst auf Palmen und Bäumen, ohne dem Wirt zu schaden. Wächst aber auch auf Mauern und Felsen.
Verwendung: Zimmerpflanze
Ansprüche: s. *D. bullata.* Die Nachttemperatur kann aber auf 8 bis 10 °C absinken.
Sorten: –
Besonderheiten: Als Schnittgrün geeignet.

Gattung: *Davallia*
Art: *fejeensis*
Synonyme: –
Familie: Davalliaceae
Deutscher Name: Davallie
Heimat: Fidschi-Inseln
Beschreibung: Feiner im Aufbau als *D. bullata* mit feinzerteilten Fiederblättchen. Wedel frischgrün und besonders haltbar.
Standort: Epiphytischer Farn, der sich mit den behaarten Wurzelstöcken an Stämmen und Ästen der Wirtsbäume festklammert.
Verwendung: Zimmerpflanze
Ansprüche: s. *D. bullata*
Sorten: –
Besonderheiten: Bildet selten Sporen und wird fast nur noch durch Gewebekultur vermehrt.

Didymochlaena

Gattung: *Didymochlaena*
Art: *truncatula*
Synonyme: *D. lunulata*
Familie: Aspidiaceae

Deutscher Name: Halbmonddoppelfarn
Heimat: Tropische Gebiete der ganzen Welt
Beschreibung: Schöner Farn mit doppelt gefiederten Blättern auf einem kurzen Stamm, die lederartig und glänzend sind. Das junge Blatt ist bräunlich, später dunkelgrün.
Standort: Wächst besonders an schattigen Plätzen und bei hoher relativer Luftfeuchtigkeit.
Verwendung: Gewächshausfarn, vor allem für Kästen mit einer gemischten Bepflanzung.
Ansprüche: Macht es auch noch auf sehr dunklen Plätzen recht gut. Temperatur um 20 °C, die im Winter auf 14 bis 15 °C sinken darf. Starke Temperaturschwankungen müssen zu jeder Zeit vermieden werden. Möglichst mit lauwarmem Regenwasser gießen. Ein gleichmäßig feuchter Wurzelballen ist von Bedeutung. Vernebeln von Wasser ist vor allem für die jungen Blätter notwendig.
Sorten: –
Besonderheiten: –

Didymochlaena truncatula

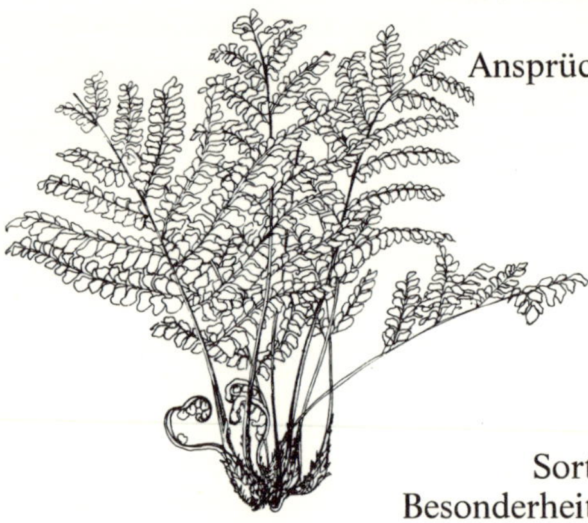

Doodia

Gattung: *Doodia*
Art: *media*
Synonyme: –
Familie: Blechnaceae
Deutscher Name: Doodie
Heimat: Australien, Neuseeland, Pazifische Inseln
Beschreibung: Die etwa 30 bis 40 cm langen Wedel dieses Farnes stehen gebündelt auf kurzen Stielen. Auffallend sind die jungen Blätter, die im Austrieb rosarot sind.
Standort: Wachsen im Ursprungsland Australien auf leicht beschatteten Plätzen.
Verwendung: Wird viel als Zimmerpflanze verwendet.
Ansprüche: Braucht einen hellen Platz, muß aber gegen Sonnenstrahlen geschützt werden. Temperatur tagsüber 22 bis 24 °C, die nachts bis auf 10 °C absinken kann. Die Topferde muß stets gut feucht gehalten werden, im Winter jedoch nicht zu feucht.

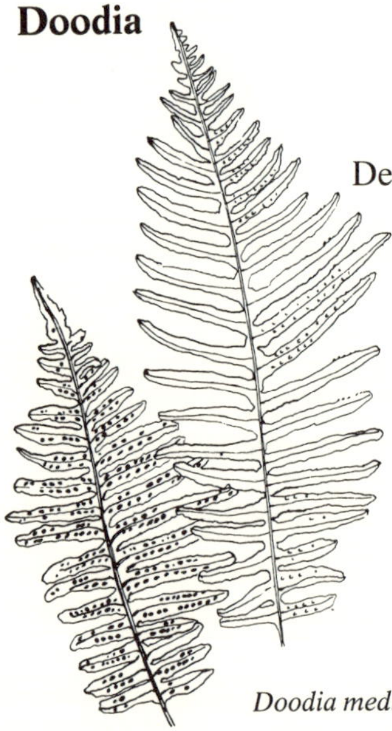

Doodia media

Sorten:	–
Besonderheiten:	Dieser Farn kann im Sommer sehr gut auch draußen gehalten werden. Erste Versuche lassen den vorsichtigen und vorläufigen Schluß zu, daß Doodia media in günstigen Lagen auch als Gartenpflanze verwendet werden kann. In dem Fall ist aber eine gute Laubabdeckung als Winterschutz notwendig.

Doryopteris

Gattung:	*Doryopteris*
Art:	*pedata*
Synonyme:	–
Familie:	Sinopteridaceae
Deutscher Name:	Lanzenfarn
Heimat:	Tropisches Amerika
Beschreibung:	Ein ziemlich kleines Farnkraut mit lederartigen Blättern, die dennoch dünn sind. Die breit dreieckige Blattfläche ist fußförmig geteilt, die Blattfarbe dunkelgrün. Die Blattstiele sind beinahe schwarz. Die sterilen Blätter sind ungeteilt, die fruchtbaren haben längere Stiele und sind geteilt. Ein hübscher Farn, vor allem durch das abweichende Blatt.
Standort:	Wächst in tropischen Wäldern, wo eine hohe relative Luftfeuchtigkeit herrscht.
Verwendung:	Zimmerfarn mit festen, haltbaren Blättern. Für eine bunte Bepflanzung in einem Kasten besonders geeignet.
Ansprüche:	Mag nicht in der Sonne stehen und braucht eine hohe relative Luftfeuchtigkeit. Wenn der Farn warm steht, muß durch regelmäßige (Regen-)Wassergaben viel für die Feuchtigkeit getan werden. So viel Wassernebel wie möglich. Im Winter liegt die Minimumtemperatur nachts bei 16 °C. Dann etwas weniger Wasser geben. Den Farn möglichst in Plastiktöpfen kultivieren. Wenn umgetopft werden muß, ist es gut, viel Torfmull unter die Erde zu mischen, um den pH-Wert zu senken.

Doryopteris pedata

Sorten: –

Besonderheiten: Auf dem Blatt werden junge Pflänzchen gebildet, die mit Erfolg weiterkultiviert werden können.

Dryopteris

Gattung: *Dryopteris*

Art: *affinis*

Synonyme: *D. pseudomas, D. borreri, D. paleacea*

Familie: Aspidiaceae

Deutscher Name: Goldschuppenfarn

Heimat: Mitteleuropa, Kaukasus, Iran, Himalaja, Mittel- und Südamerika

Beschreibung: Ähnelt in etwa *D. filix-mas,* wächst aber mehr aufrecht. Die Wedel sind doppelt gefiedert bis tief fiederspaltig. Die Höhe beträgt etwa 1 m. Auffallend ist der Blattstiel, der stark mit anfänglich gold-, und dann kastanienbraunen Spreuschuppen besetzt ist. Daher auch der Name Goldschuppenfarn und „Golden Scaled Fern" im Englischen. Die Wedel sind ledrig, dunkelgrün, leicht glänzend und bleiben im Winter sehr lange grün.

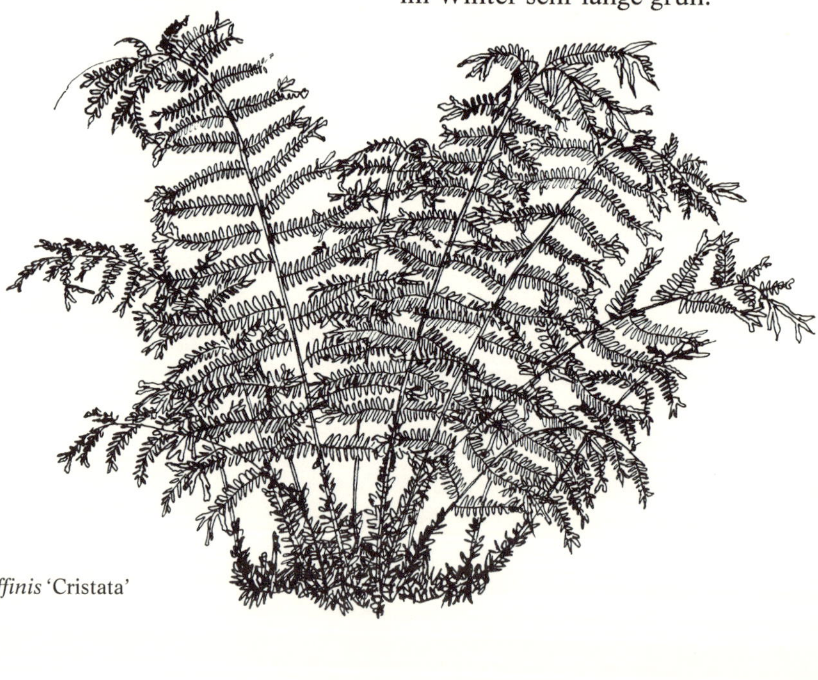

Dryopteris affinis 'Cristata'

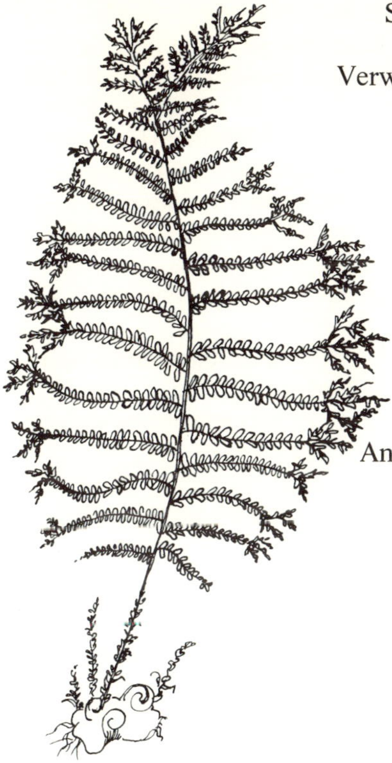

Dryopteris affinis 'Cristata'

Standort: Lichte, tiefgelegene Bergwälder mit nährstoff- und humusreichen Böden.

Verwendung: Sehr empfehlenswerter Farn für den Ziergarten. Ist robust und verträgt auch einige Stunden am Tag die volle Sonne, sofern der Boden feucht genug ist.
Ist besonders attraktiv, wenn sich die jungen Wedel entwickeln. Dann sind die glänzend goldbraunen Schuppen und Haare besonders deutlich sichtbar.
Die gewöhnliche Art wächst zu einer starken Pflanze heran. Es gibt aber auch zwergige Sorten, die in kleineren Gärten nicht so viel Platz einnehmen.

Ansprüche: Keine besondere Versorgung erforderlich.

Sorten: 'Crispa'. Niedrige Form (bis 50 cm), bei der die Wedel sowohl nach oben als auch nach unten schmäler werden. Heller grün als die Art. Die Fiedern sind sehr gleichmäßig gekraust.
'Crispa congesta'. Diese Zwergform wird nur bis 12 cm hoch.
'Cristata' (König der Goldschuppenfarne): Stark wachsende Sorte mit bis zu 100 cm langen, breit-lanzettförmigen Wedeln. Vor allem an der Spitze stark verzweigt und kammförmig verbreitert. Sehr zu empfehlen.
'Pinderi': Schöne Form mit schmalen Wedeln (70 bis 90 cm lang und 10 bis 12 cm breit). Aufrecht wachsend. Dunkelgrüne Blätter, die spät austreiben.

Besonderheiten: Sehr großes Sortiment.

Gattung: *Dryopteris*

Art: *carthusiana*

Synonyme: *D. spinulosa, Aspidium spinulosum, Lastrea spinulosa*

Familie: Aspidiaceae

Deutscher Name: Schmalblättriger Dornfarn

Heimat: Europa bis Mittelsibirien, Kaukasus, Nordamerika

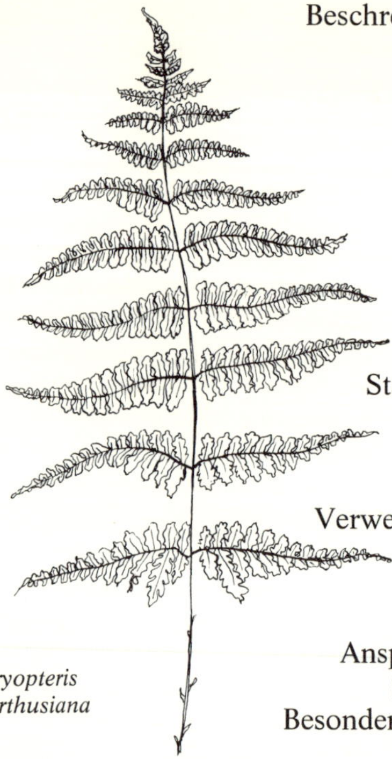

Dryopteris carthusiana

Beschreibung:	Besitzt schmale, hellgrüne Blätter, die dicht-buschig senkrecht emporwachsen und an günstigen Standorten bis zu 100 cm lang werden. Der Blattstiel ist mit braunen, dornigen Schuppen (Name) bedeckt und von gleicher Länge wie die Blattspreite. Die Form des Blattes ist dreieckig und doppelt gefiedert. Die Länge der Fiedern nimmt nach oben immer mehr ab, die Fiederblättchen sind grob gezähnt.
Standort:	Wächst mit Vorliebe in feuchten Fichtenwäldern, im übrigen aber sehr allgemein und selbst an ziemlich trockenen Plätzen zu finden.
Verwendung:	Vor allem in großen Gärten, wo man den Farn verwildern lassen kann. Darum auch für große öffentliche Anlagen sehr geeignet.
Ansprüche:	Keine besonderen Ansprüche.
Sorten:	–
Besonderheiten:	–

Gattung:	*Dryopteris*
Art:	*dilatata*
Synonyme:	*D. austriaca, D. spinulosa* var. *dilatata, D. spinulosa* var. *americana*
Familie:	Aspidiaceae
Deutscher Name:	Dorniger Nierenfarn
Heimat:	Europa bis Westsibirien, Kleinasien, Kaukasus, Ostasien, Nordamerika
Beschreibung:	Bekannter Farn mit zwei- bis dreifach gefiederten Blättern, die bis zu 150 cm lang und 40 cm breit werden. Die Wedel sind oft etwas gebogen. Der Stiel ist kürzer als die Blattspreite. Die Form ist dreieckig bis eiförmig, Farbe dunkelgrün mit gelblichen Drüsenhaaren.
Standort:	Wächst gern in der Nadelholzstreu von Bergwäldern bis über 2000 m. Kommt aber auch auf alten Baumstubben und auf

	Felsblöcken mit starkem Mooswuchs und selbst als Epiphyt auf Bäumen vor.
Verwendung:	Diese Art paßt besser in Hausgärten als *D. carthusiana,* der Dornfarn.
Ansprüche:	Der wintergrüne Farn verlangt einen feuchten Standplatz. Vor allem auch unter Nadelgehölzen zu gebrauchen, wenn genügend Licht durchdringen kann.
Sorten:	'Lepidota', Zwergform, die um die 35 cm hoch wird. Sowohl Stiel, als auch Hauptnerv sind stark gefurcht und mit dunkelbraunen, strohigen Schuppen versehen.
Besonderheiten:	–

Dryopteris dilatata

Gattung:	*Dryopteris*
Art:	*erythrosora*
Synonyme:	–
Familie:	Aspidiaceae
Deutscher Name:	Rotsporiger Nierenfarn, Rotschleierfarn
Heimat:	Japan, China, Korea, Taiwan, Philippinen
Beschreibung:	Aus dem Wurzelstock entwickeln sich bis zu 75 cm lange, doppelt gefiederte, breit-pyramidale Wedel, die anfänglich rötlich bis bronzefarben sind. Später sind die Blätter glänzend-dunkelgrün. Die Wedel stehen dicht beieinander, bilden aber keinen echten Trichter. Die 25 cm langen Stiele, aber auch Haupt- und Seitennerven der Fiedern sind mit schmalen, dunklen Schuppen und Haaren bedeckt. Die alten Blätter bleiben bis Mai an der Pflanze. Die Sporenhäufchen unter den Fiedern sind grellrot gefärbt.

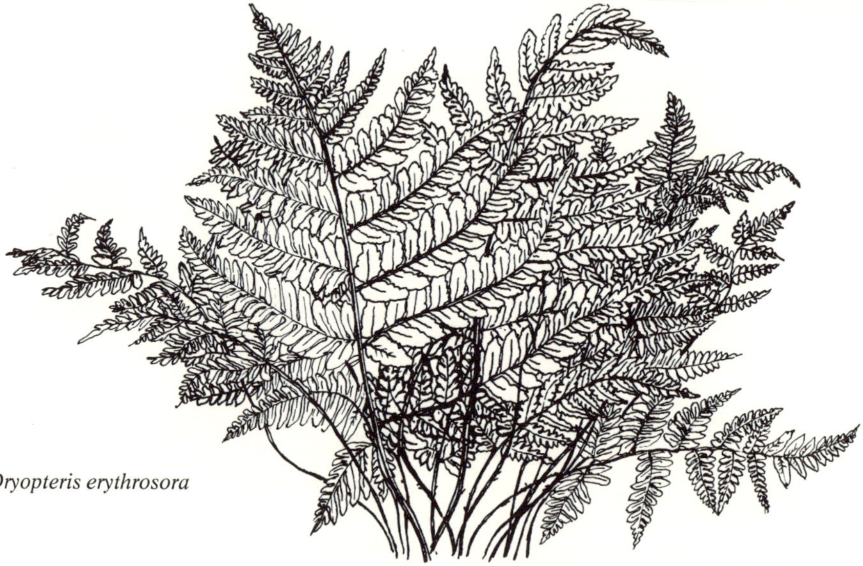

Dryopteris erythrosora

Oben: *Osmunda cinamomea* (links) und *Dryopteris filix-mas* (rechts).

Unten: *Cystopteris fragilis* (links) und *Blechnum spicant* (rechts).

Standort: Bergwälder und bewaldete Hügel.

Verwendung: Sehr schön im Garten zwischen immergrünen Gehölzen.

Ansprüche: Verlangt im Winter eine Laubdecke, weil der Boden durch den Frost sonst zu stark austrocknet. Verträgt keine Wintersonne. Die rechtzeitige Entfernung der wintergrünen alten Blätter erhöht den Zierwert der farbig austreibenden Wedel.

Sorten: –

Besonderheiten: Auch als Zimmerpflanze geeignet.

Gattung: *Dryopteris*

Art: *filix-mas*

Synonyme: –

Familie: Aspidiaceae

Deutscher Name: Wurmfarn

Heimat: Europa, Asien, Nordafrika, Nordamerika, Mexiko

Beschreibung: Stark wachsender Farn. Die oft bis 1 m langen Blätter sind 20 bis 30 cm breit, einfach gefiedert und unterseits heller grün als auf der Blattoberseite. Die Wedel bilden einen offenen Trichter. Auf Dauer entstehen mehrere Trichter nebeneinander. Der Wurzelstock und ein kurzer Stamm sind mit hellbraunen, breit-lanzettlichen Spreuschuppen dicht bekleidet. Auch die 10 bis 20 cm langen Blattstiele sind braun gefärbt.

Standort: Auch bei uns weitverbreiteter Farn, häufig in Wäldern und an Grabenkanten. Fühlt sich vor allem in Buchenwäldern zu Hause.

Verwendung: Ein robustes Farnkraut, das auch mit ungünstigen Standorten vorlieb nimmt. Sogar sonnige Standorte werden vertragen, wenn der Boden feucht genug ist.

Platycerium bifurcatum 'Netherlands'.

Die Blätter sind wintergrün, was den Zierwert der Pflanze noch erhöht. Auch für kleine und mittelgroße Gärten geeignet. Es gibt kleinbleibende Sorten dieser formenreichen Art, die auch in kleinsten Gärten ein Plätzchen finden.

Ansprüche: Keine besondere Behandlung erforderlich.

Sorten: 'Crispa'. Bis 40 cm hohe Zwergform. Die Seitenfiedern stehen dicht zusammen und überlappen einander teilweise. Hellrotbraune Herbstfärbung.

'Grandiceps'. Stark wachsender Farn, der bis 80 cm hoch werden kann. Sowohl die Spitzenfiedern als auch die tiefer sitzenden Seitenfiedern sind verzweigt und kammförmig ausgebildet.

'Incisa'. An günstigen Standorten werden die Wedel dieses Farnes 125 bis 150 cm hoch und 30 bis 40 cm breit. Die Wedel sind etwas gebogen, die Fiedern stark gesägt.

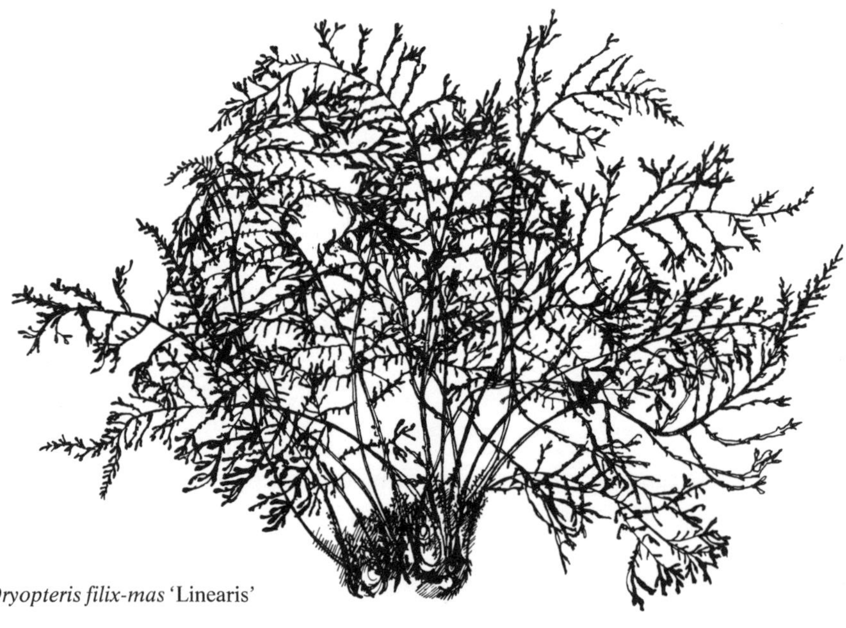

Dryopteris filix-mas 'Linearis'

'Linearis'. Der Schellenbaumfarn hat sehr schmale und beinahe lineare Seitenfiedern. Macht insgesamt einen zierlichen Eindruck und wird um 80 cm hoch.

'Polydactyla Dadds'. Ist raschwüchsig und hat langgestielte Blätter mit gekrausten kammförmigen Fiedern und ebensolcher Wedelspitze.

Es gibt eine unvorstellbar große Zahl von Sorten dieser Art in der Kultur.

Besonderheiten: Die dicken Wurzelstöcke enthalten ein Öl, das bereits im Altertum gegen Bandwürmer und andere parasitäre Würmer gebraucht wurde.

Gattung: *Dryopteris*

Art: *villarii*

Synonyme: *D. rigida, Polypodium rigidum, Aspidium rigidum, Lastrea rigida, Polystichum rigidum*

Familie: Aspidiaceae

Deutscher Name: Steifer Wurmfarn

Heimat: West-, Mittel- und Südeuropa, Nordwest-Afrika

Beschreibung: Die sommergrünen, doppelt gefiederten Wedel bilden einen dichten, steifen Trichter von 30 bis 40 cm Höhe.

Das Blatt hat einen tiefgefurchten Hauptnerv und an beiden Seiten der Blätter gelbliche Drüsenhaare. Die derbe, hellgrüne Blattspreite riecht nach Heu.

Standort: Wächst in der Natur auf kalkreichen Böden in 1000 bis 2000 m Höhe. Auch in Felsspalten der Kalkalpen.

Verwendung: Liebhaberfarn, der in Kultur selten ist. Für die Verwendung in Steingärten geeignet, wenn der Platz genügend kalkreich ist.

Ansprüche: Bis auf das Kalkbedürfnis keine besonderen Ansprüche.

Sorten: –

Besonderheiten: –

Gattung: *Dryopteris*
Art: *wallichiana*
Synonyme: –
Familie: Aspidiaceae
Deutscher Name: Schwarzschuppenfarn
Heimat: Nepal, Burma, China, Pakistan
Beschreibung: Die Art erinnert stark an *D. affinis* und weicht von dieser vor allem durch den weniger steif-aufrechten Wuchs und die leicht bogenförmigen Wedel ab. Diese sind bis zu 1 m lang. Der Blattstiel ist ebenso wie der Hauptnerv schwarzbraun geschuppt und behaart. Die Blattspreite ist doppelt gefiedert, lederartig und wintergrün.
Standort: Ist in Bergwäldern zu Hause.
Verwendung: Dieser vor allem im Austrieb sehr hübsche Farn sollte auf einen Platz im Garten gepflanzt werden, wo er auffällt. Kann sehr empfohlen werden!
Ansprüche: Der Boden muß feucht genug sein.
Sorten: –
Besonderheiten: –

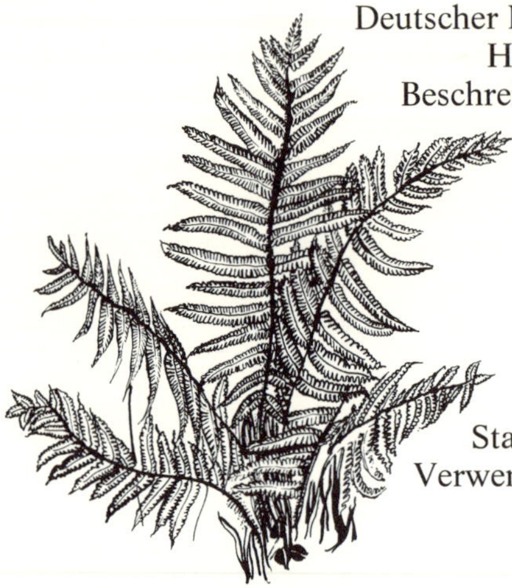

Dryopteris wallichiana

Lygodium

Lygodium japonicum

Gattung: *Lygodium*
Art: *japonicum*
Synonyme: –
Familie: Lygodiaceae
Deutscher Name: Japanischer Schlingfarn
Heimat: Japan, China, Korea, Taiwan
Beschreibung: Dieser ungewöhnliche Farn bildet verhältnismäßig lange, drahtige Blattstiele, die sich um andere Pflanzen, Stöcke und dergleichen herumschlingen.
Die Wedel sind bis 20 cm lang, dreieckig in der Form und hellgrün. Die Spitzenfiedern erinnern in der Form an ein Ahornblatt.
Standort: Wächst an sehr lichten Plätzen, wo der Boden feucht genug ist, und klimmt an anderen Pflanzen oder Pflanzenteilen empor.

Verwendung:	Zimmerpflanze
Ansprüche:	Braucht recht viel Licht, muß aber gegen direkte Sonne abgeschirmt werden. Temperatur über Tag bis 25 °C, nachts kann sie bis auf 12 °C ab sinken. Der Ballen muß gleichmäßig feucht gehalten werden, darf aber nicht zu naß werden. Eine hohe relative Luftfeuchtigkeit ist wünschenswert. Die Pflanze braucht etwas, um daran emporzuklimmen.
Sorten:	–
Besonderheiten:	–

Matteuccia

Gattung:	*Matteuccia*
Art:	*orientalis*
Synonyme:	*Struthiopteris orientalis*
Familie:	Onocleaceae
Deutscher Name:	Japanischer Trichterfarn
Heimat:	Vom Himalaja im Westen bis nach Japan im Osten.
Beschreibung:	Farn mit einfach gefiedertem, breit eiförmigem Blatt und 40 bis 80 cm lang. Die 20 bis 40 cm langen Blattstiele sind mit auffallenden, mattbraunen Schuppen besetzt. Die Wedel sind nach außen gebogen, die Blattspreite ist lederartig und glänzend dunkelgrün. Der schwarze Wurzelstock kriecht oberirdisch und wächst nur sehr langsam.
Standort:	Schattige, feuchte Wälder. An bestimmten Plätzen kommt dieser Farn zusammen mit *Matteuccia struthiopteris* und *Onoclea sensibilis* vor.
Verwendung:	Sehr schöner Gartenfarn, der keine Ausläufer bildet.
Ansprüche:	Auf trockenen Standorten verkümmern die Pflanzen. In trockenen Sommern ist regelmäßiges Wässern erforderlich. Außerdem etwas frostempfindlich. Darum ist eine gute Laubdecke im Winter erfor-

derlich. Dieser Farn ist schwer zu bekommen.

Sorten: –

Besonderheiten: –

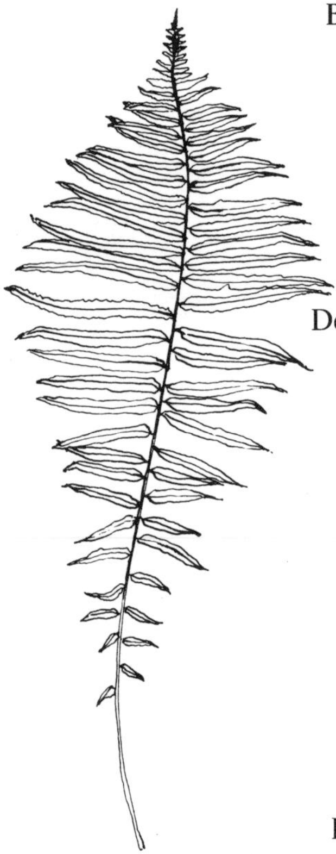

Matteuccia pensylvanica

Gattung: *Matteuccia*

Art: *pensylvanica*

Synonyme: *M. struthiopteris* var. *pensylvanica,* Struthiopteris pensylvanica, Pteretis pensylvanica

Familie: Onocleaceae

Deutscher Name: Amerikanischer Trichterfarn

Heimat: Nordamerika

Beschreibung: Farn mit einfach gefiederten Blättern. Das Blatt ist im Austrieb etwa blaugrün bereift. Der Trichter ist nicht so ausgeprägt, Alte Pflanzen bilden einen kleinen Stamm von 10 bis 15 cm Länge, aus dem die Wedel beinahe 2 m hoch emporwachsen.

Standort: Farn aus morastigen Wäldern und von feuchten Plätzen an Flüssen.

Verwendung: Bildet weniger Ausläufer und ist daher auch für kleinere Gärten geeignet.

Ansprüche: Muß genügend feucht stehen (s. auch *M. struthiopteris*).

Sorten: –

Besonderheiten: Diese Art ist der am höchsten wachsende Gartenfarn im gesamten Sortiment.

Gattung: *Matteuccia*

Art: *struthiopteris*

Synonyme: *Struthiopteris germanica, S. filicastrum, Onoclea struthiopteris, Pteretis struthiopteris*

Familie: Onocleaceae

Deutscher Name: Deutscher Trichterfarn

Heimat: Nord-, Mittel- und Osteuropa. Die Westgrenze der Verbreitung liegt in Belgien. Auch in China.

Beschreibung: Die einfach gefiederten Blätter ähneln denen von *Dryopteris filix-mas,* stehen aber

steiler und in trichterförmiger Anordnung. Die Spitzen der Wedel sind nach außen gebogen. Manchmal bis zu 150 cm hoch.
Die fruchtbaren Wedel sind nicht halb so lang und stehen in dem breiten Trichter, den die unfruchtbaren Blätter bilden. Die Fiedern der fertilen Wedel sind etwas eingerollt und umschließen die Sporenhäufchen.

Standort: Wächst gesellig an Bächen und Flüssen, auf feuchten Plätzen also. Verträgt aber keinen anhaltend überspülten Boden. Kommt in österreichischen Alpentälern stellenweise massenhaft vor.

Verwendung: Durch die vielen Ausläufer, die gebildet werden, für den kleinen Garten weniger geeignet. Durch diese Eigenschaft besonders für die Begrünung größerer Flächen an Teichen in großen Gärten zu gebrauchen.

Ansprüche: Für genügend Feuchtigkeit sorgen.

Sorten: –

Besonderheiten: Die Sporenwedel erscheinen erst im Juli–August und stehen in der Mitte der Trichter. Sie bleiben auch im Winter erhalten.

Microlepia

Gattung: *Microlepia*

Art: *speluncae*

Synonyme: –

Familie: Dennstaedtiaceae

Deutscher Name: Grotten-Mikrolepie

Heimat: Tropisches Asien, Afrika, Amerika

Beschreibung: Weichblättriger, hellgrüner Farn. Das Blatt ist drei- bis vierfach gefiedert. Bleibt in der Kultur verhältnismäßig klein.

Standort: Kommt in Wäldern vor, in denen die Temperatur und die relative Luftfeuchtigkeit hoch sind (weiches Blatt).

Verwendung: Schöner Zimmerfarn, wenn für hohe relative Luftfeuchtigkeit gesorgt werden kann. Im Sommer, wenn viel Regenwasser vernebelt wird, gelingt das noch am besten. Gut für eingebaute Blumenfenster geeignet.

Ansprüche: Dieser Farn sollte in Plastiktöpfen kultiviert werden, weil der Topfballen darin besser feucht zu halten ist. Wenn die Pflanzen gedüngt werden müssen (in der Wachstumszeit einmal pro Monat), geschieht es am besten durch Eintauchen der Ballen in eine Nährstofflösung von halber Stärke der angegebenen Konzentration.

Sorten: –

Besonderheiten: –

Microsorum

Gattung: *Microsorum*

Art: *diversifolium*

Synonyme: *Microsorium diversifolium, Phymatodes diversifolium, Polypodium diversifolum*

Familie: Polypodiaceae

Deutscher Name: Känguruhfarn

Heimat: Australien

Beschreibung: Farn mit kriechendem Wurzelstock, der mit braunen Schüppchen bedeckt ist. Die Blätter sind manchmal ungeteilt, manchmal gefiedert mit einer unterschiedlichen Zahl von Fiederblättchen, deren Blattrand gewellt ist.

Standort: Kommt an ziemlich kühlen, feuchten Plätzen vor, wo er große Polster auf Bäumen (u.a. Baumfarnen) und auf Felsen bildet. Kriecht mit seinen langen Wurzelstöcken an diesen empor.

Verwendung: Zimmerpflanze

Ansprüche: Es gibt mit dieser Art erst wenig Erfahrungen. Es sieht aber danach aus, als würden die besten Ergebnisse erzielt, wenn man die Pflanzen an einen kühlen, luftigen Platz stellt, der sonnenabgewandt ist. Nicht übertrieben feucht halten.

Sorten: –

Besonderheiten:	Die Bezeichnung *diversifolium* bezieht sich auf die großen Unterschiede in der Blattform dieser Art.

Nephrolepis

Gattung:	*Nephrolepis*
Art:	*cordifolia*
Synonyme:	*N. tuberosa*
Familie:	Nephrolepidaceae
Deutscher Name:	Knolliger Schwertfarn
Heimat:	Tropisches Asien, Neuseeland
Beschreibung:	Dunkelgrüner Farn mit 30 bis 50 cm langen und 5 bis 6 cm breiten Wedeln auf kurzen Blattstielen. Die Fiedern stehen dicht aneinander und berühren sich. Bei der Sorte 'Plumosa' sind sie an der Spitze federig geteilt. Der Blattstiel ist leicht geschuppt und dunkel. Die Pflanze bildet viele Ausläufer und im Boden bis zu walnußgroße Knollen (alter Name: *N. tuberosa* = knollig).
Standort:	s. *N. exaltata*
Verwendung:	s. *N. exaltata*
Ansprüche:	s. *N. exaltata*
Sorten:	*N. cordifolia* 'Plumosa' fast stets allein in Kultur und abgebildet.
Besonderheiten:	Die Art *N. cordifolia* selbst wird fast nicht mehr angebaut. In Kultur ist eine kompakte Selektion unter dem Namen *N. cordata*.

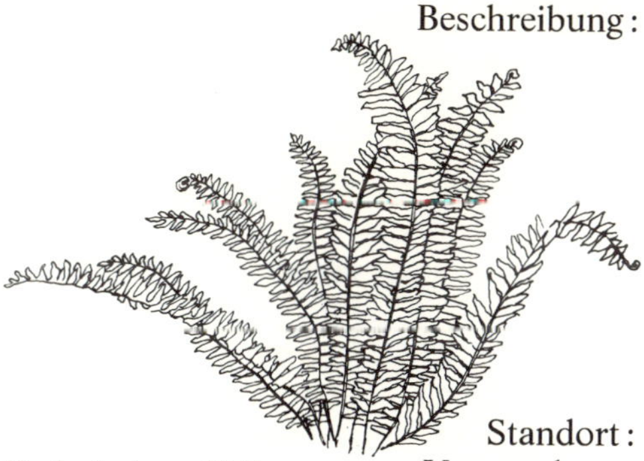

Nephrolepis cordifolia

Gattung:	*Nephrolepis*
Art:	*exaltata*
Synonyme:	–
Familie:	Nephrolepidaceae
Deutscher Name:	Schwertfarn
Heimat:	Tropische Gebiete beinahe in der ganzen Welt.
Beschreibung:	Pflanze mit langen, gefiederten, zierlich überhängenden Blättern. Sie werden bei gut versorgten Pflanzen oft 60 cm lang und länger.

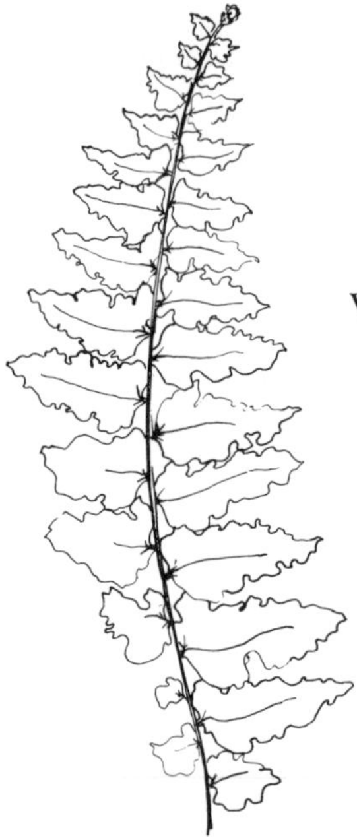

Nephrolepis exaltata 'Teddy Junior'

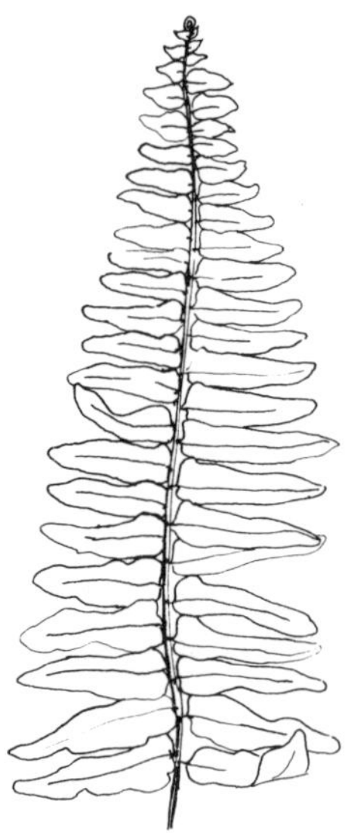

Nephrolepis exaltata 'Boston'

Standort: Ursprünglich in tropischen Gebieten in der Erde und epiphytisch wachsender Farn.
Er wächst an Plätzen mit einer ziemlich hohen Temperatur und hoher relativer Luftfeuchtigkeit. Er liebt (leicht) beschattete Standorte.

Verwendung: Einer der bekanntesten Zimmerfarne.

Ansprüche: Verlangt Temperaturen von mindestens 18 bis 20 °C und ist sehr dankbar für ein regelmäßiges Vernebeln von Wasser. Die Lichtbedürfnisse sind nicht so groß, direkte Sonnenbestrahlung muß vermieden werden.
Der Topfballen darf nicht trocken werden. Ideal ist ein gut arbeitendes Selbstbewässerungssystem, dann ist zugleich die Nährstoffversorgung gewährleistet. Wenn die Pflanzen in normalen Töpfen stehen, sollte alle 14 Tage gedüngt werden, bei Mineraldünger mit der halben vom Hersteller angegebenen Konzentration.
Gut wachsende Pflanzen in jedem Frühjahr umtopfen. Die Erde darf aber keinen hohen pH-Wert haben. Darum etwa ⅓ durchfeuchteten Torfmull der käuflichen Erde beimischen.

Sorten: In den USA wird eine nahezu endlos große Zahl von Sorten kultiviert. In Deutschland, Holland und Skandinavien sind die folgenden Sorten verbreitet:
'Boston' hat breite, überhängende Wedel und ist eine Mutation der Art. Zugleich ist sie Elter einiger bekannter Sorten.
'Maassii' ist einfach gefiedert und hat hängende Wedel. Die Fiedern haben einen gewellten Rand.
'Rooseveltii Plumosa' hat doppelt gefiederte Blätter mit monströsen Spitzen an den Fiederblattenden.
'Teddy Junior', mit einfach gefiedertem Blatt, hat gewellte und gedrehte Fiederblättchen und einen gedrungenen Wuchs.

Besonderheiten: Die Pflanze bildet Ausläufer, an denen sich junge Pflanzen entwickeln. Diese können von der Pflanze abgenommen und weiterkultiviert werden. Die Vermehrung der Sorten durch Sporen ist nicht sinnvoll.

Onoclea

Gattung: *Onoclea*
Art: *sensibilis*
Synonyme: –
Familie: Onocleaceae
Deutscher Name: Perlfarn
Heimat: Westliches Nordamerika, Ostsibirien
Beschreibung: Farn mit 60 bis 70 cm hohen sterilen Blättern, die früh austreiben. Sie fühlen sich rauh an, sind aber sehr empfindlich, vor allem können sie keinen Nachtfrost vertragen.
Die Form der Wedel ist oval bis dreieckig, mit langem Stiel und einfach gefiederten Blättern. Die Fiedern selbst sind eingeschnitten oder gezähnt.
Erst im Sommer erscheinen die kürzeren und schmäleren fruchtbaren Blätter, die mit braunen, kugeligen Sporenkapseln bedeckt sind (darum Perlfarn).

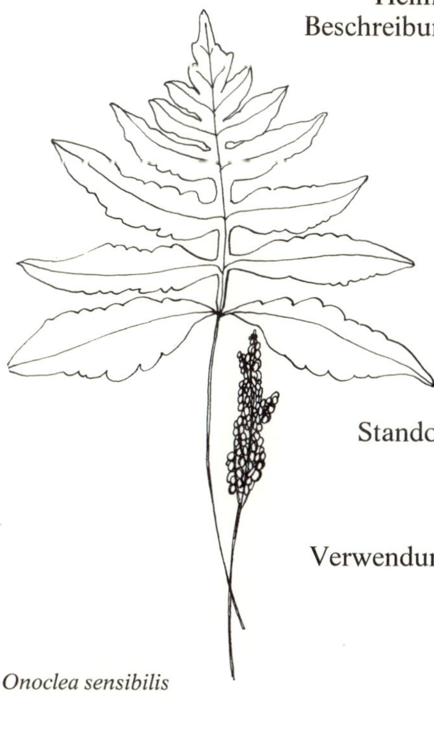
Onoclea sensibilis

Standort: Kommt im natürlichen Verbreitungsgebiet massenhaft als Bodendecker auf feuchten Wiesen und zwischen Buschwerk vor.
Verwendung: Als Gartenpflanze zu empfehlen, auch wenn er bei günstigen Wachstumsverhältnissen wuchert. Vor allem für feuchte Plätze im Garten und an Teichen. Bevorzugt leichten Schatten, verträgt aber auch einen sonnigen Platz, wenn der Boden immer sehr feucht ist.
Ansprüche: Möglichst gegen Nachtfröste schützen. Verträgt auch schweren Boden.
Sorten: –
Besonderheiten: Die unfruchtbaren Wedel sterben im Herbst ab. Die fertilen Blätter bleiben

auch über Winter stehen. Der Name *sensibilis* (= empfindlich) weist auf die Frostempfindlichkeit der sterilen Blätter hin. Beim ersten besten Nachtfrost werden sie braun.

Ophioglossum

Ophioglossum vulgatum

Gattung:	*Ophioglossum*
Art:	*vulgatum*
Synonyme:	–
Familie:	Ophioglossaceae
Deutscher Name:	Natternzunge, Natternfarn
Heimat:	Nördliche Halbkugel von Europa, Asien, Amerika
Beschreibung:	Sieht gar nicht wie ein Farn aus. Im Frühjahr entwickelt sich ein länglich-ovales, lederartiges, steriles Blatt auf einem dünnen Stiel. Aus derselben Achse entwickelt sich ein schmales fertiles Blatt, dessen Ähre dicht mit Sporenhäufchen besetzt ist. Die Höhe der Pflanze beträgt um 15 bis 20 cm.
Standort:	Feuchte Wiesen, tief gelegenes (nicht gedüngtes) Weideland und feuchte Dünentäler.
Verwendung:	Auf feuchten Plätzen in Naturgärten, auch auf Lehmboden.
Ansprüche:	Keine besonderen Ansprüche.
Sorten:	–
Besonderheiten:	Läßt sich nur schwer vermehren und ist daher nur selten oder gar nicht im Angebot. Außerdem schwierig zu verpflanzen.

Osmunda

Gattung:	*Osmunda*
Art:	*cinnamomea*
Synonyme:	*O. imbricata*
Familie:	Osmundaceae
Deutscher Name:	Zimtbrauner Königsfarn, Zimtfarn
Heimat:	Kanada, Nordamerika, Ostasien, Japan, Korea, China, Thailand, Himalaja
Beschreibung:	Die unfruchtbaren Wedel sind trichterförmig angeordnet. Auffallend sind Büschel

braunwolliger Härchen da, wo die Blattfiedern in den Hauptnerv übergehen. Die doppelt fiederspaltigen Blätter sind dunkelgrün, glänzend und etwas lederartig. Die fertilen Blätter, die vor den sterilen erscheinen, sind dicht mit Sporen besetzt und daher auch schnell braun. Die Pflanzen werden, in Abhängigkeit vom Standplatz 50 bis 150 cm hoch.

Standort: Kommt in feuchten Wäldern vor.

Verwendung: Gartenfarn mit glänzendem Blatt, aber der schwierigste der Königsfarne. Bei Trockenheit bekommt diese Art zuerst braune Blattränder. Schön in Gruppen an Teichrändern, im kleinen Garten, auch als Solitär dort, wo es feucht genug ist.

Ansprüche: Es muß ein feuchter, saurer Boden sein.

Sorten: –

Besonderheiten: Der Name *cinnamomea* bedeutet zimtbraun und bezieht sich auf die fertilen Blätter, die diese Farbe haben. Junge Blätter wurden (werden) in Kanada gesammelt und die Stiele, wie Spargel zubereitet, gegessen.

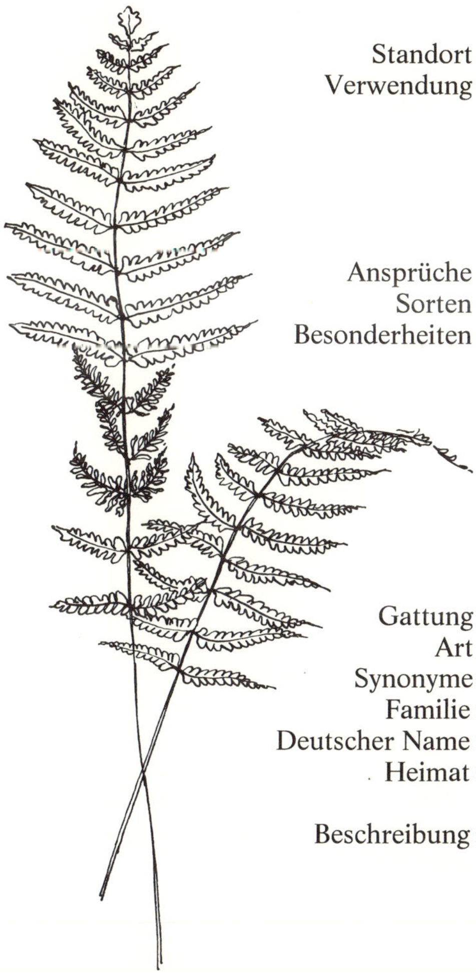

Osmunda claytoniana

Gattung: *Osmunda*

Art: *claytoniana*

Synonyme: *O. interrupta*

Familie: Osmundaceae

Deutscher Name: Teufelsfarn, Kronenfarn

Heimat: Kanada, Nordamerika, Ostasien, Korea, Mandschurei, China, Himalaya, Sibirien

Beschreibung: Ähnelt *O. cinnamomea,* wächst auch so, bleibt aber kleiner als dieser. Sehr bemerkenswert ist, daß die fertilen Blätter, die zuerst erscheinen, nur an den mittleren Fiedern mit Sporen besetzt sind. Die sterilen Wedel sind etwas kürzer, und ihnen fehlen die Büschel brauner Härchen am Hauptnerv.
Die Blätter sind auch nicht glänzend wie

	bei *O. cinnamomea,* sondern matt und hellgrün. Die Art besitzt eine schöne gelbe Herbstfärbung.
Standort:	Kommt vor allem in feuchten Wäldern vor, fehlt aber auch auf etwas trockeneren Plätzen nicht.
Verwendung:	Wie *O. cinnamomea,* aber etwas weniger empfindlich.
Ansprüche:	Wächst auch in gewöhnlicher Gartenerde, wenn der Platz leicht schattig ist. Besser ist es aber, für einen humusreichen, sauren Boden zu sorgen.
Sorten:	–
Besonderheiten:	Der alte Name *O. interrupta* bezieht sich auf die fruchtbaren Wedel, die neben Blattfiedern in ihrer Mitte 3 bis 5 Paar braungrüne Sporenfiedern tragen.

Gattung:	*Osmunda*
Art:	*regalis*
Synonyme:	–
Familie:	Osmundaceae
Deutscher Name:	Königsfarn
Heimat:	Kosmopolit, fehlt nur in Australien und Südostasien
Beschreibung:	Ein Farn, der 75 bis 200 cm hoch werden kann und dessen Wedel auf langen Stielen stehen. Die Blätter sind doppelt gefiedert. Bei den fruchtbaren Blättern ist der oberste Teil dicht mit rotbraunen Sporenhäufchen besetzt. Die unfruchtbaren Blätter sind lederartig und hell- bis gelbgrün in der Farbe. Der Königsfarn hat eine schöne goldgelbe Herbstfärbung.
Standort:	Wächst vor allem an Grabenböschungen in bewaldeten Gebieten. Bevorzugt humusreiche, anmoorige und saure Standorte.
Verwendung:	Der Königsfarn muß auch einen königlichen Platz bekommen, um zu wirken. Besonders schön ist er an Teichrändern, wo

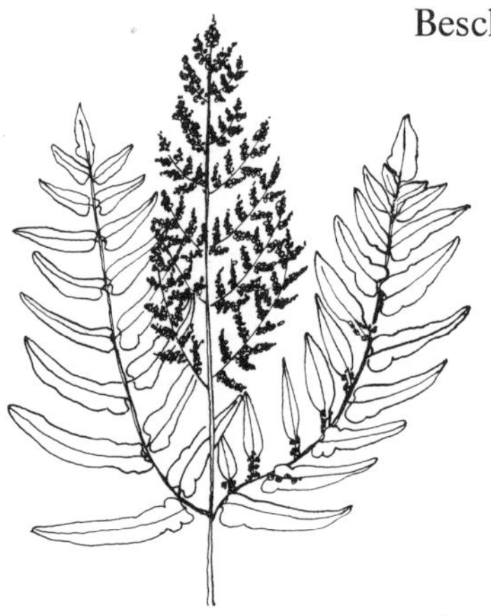

Osmunda regalis

Osmunda regalis

er sich im Wasser spiegeln kann. Er braucht viel Platz.

Ansprüche: Unter den genannten Bedingungen ist keine besondere Versorgung erforderlich. Sonst den Boden tief mit Torfmull anreichern.

Sorten: 'Cristata'. Die Fiedern dieser Sorte sind an der Wedelspitze verzweigt und monströs gekraust.

'Gracilis' ist eine sehr schöne Zwergform, die bis 75 cm hoch wird. Sie kann für kleinere Gärten sehr empfohlen werden. Hat einen kupferfarbenen Austrieb.

'Purpurascens' besitzt purpurrote Blattstiele und treibt schön rot aus. Später werden die Blätter grün. Ist kalkverträglich.

'Undulata', eine Sorte mit auffallend gewellten Blatträndern.

Osmunda regalis 'Undulata'

Besonderheiten:	Die Wurzeln wurden früher häufig als Bestandteil von Orchideenerde gebraucht. Die Sporen dieser Art enthalten Chlorophyll und bleiben nach der Ernte nur sehr kurze Zeit keimfähig.

Pellaea

Gattung:	*Pellaea*
Art:	*atropurpurea*
Synonyme:	–
Familie:	Sinopteridaceae
Deutscher Name:	Purpurrote Pellaea
Heimat:	Nordamerika
Beschreibung:	Hat 10 cm lange, glänzend schwarz-braune Blattstiele. Die Blattspreite selbst ist um 25 cm lang, oval bis lanzettförmig und

einfach bis doppelt gefiedert. Die Fiederblättchen, 4 cm lang und 0,5 cm breit, stehen dicht beieinander.

Pellaea atropurpurea

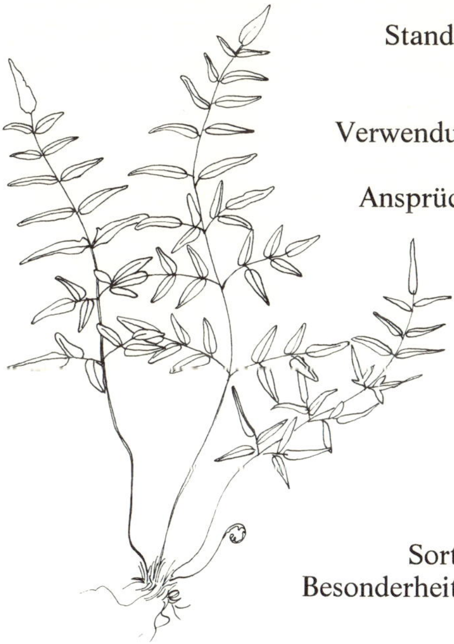

Sie sind am Grunde oft geöhrt, lederig und olivgrün.

Standort: Einer der wenigen Farne, die von Natur aus an ziemlich trockenen Plätzen wachsen, meistens in felsigem Gelände.

Verwendung: Zimmerfarn oder an geschützten Stellen auch im Garten.

Ansprüche: Als Zimmerpflanze stimmen die Ansprüche mit denen von *P. viridis* überein. Wiewohl noch nicht so viel Erfahrungen vorliegen, scheint der kleine Farn in klimatisch bevorzugten Gegenden auch für das Freiland geeignet. Dazu gehört ein geschützter Platz. Außerdem muß die Pflanzscheibe gut mit Laub abgedeckt und die Pflanze selbst in der kalten Jahreszeit mit einigen Fichtenzweigen geschützt werden.

Sorten: –

Besonderheiten: Bei Verwendung als Zimmerpflanze sollte über Sommer ein Platz draußen reserviert werden.

Gattung: *Pellaea*

Art: *dolomiticola*

Synonyme: –

Familie: Sinopteridaceae

Deutscher Name: Pellaea

Heimat: Südafrika

Beschreibung: Kleiner Farn mit einem kurzen, kriechenden Wurzelstock. Die Blätter sind elliptisch in der Form und selten länger als 12 cm. Sie sind dunkelgrün, etwas ledrig und doppelt gefiedert. Der Blattstiel hat braune Schuppen, die bei anderen *Pellaea*-Arten nicht vorkommen.

Standort: Wie der Name bereits andeutet, bevorzugt der Farn Böden, in denen Dolomit vorkommt. Dort wächst er an sehr sonnigen Plätzen, meist am Fuße von Felsen oder in nicht so tiefen Spalten.

Pellaea dolomiticola

Verwendung: Ein Farn für sehr helle Plätze im Wohnzimmer.

Ansprüche: Verlangt eine kalkreiche Erdmischung. Das Blatt muß öfter einmal angefeuchtet (Wassernebel also) werden. Im Sommer kann der Farn auch nach draußen gesetzt werden, wobei dem Feuchtigkeitszustand des Bodens bzw. des Ballens die nötige Aufmerksamkeit geschenkt werden muß. Vielleicht auch als Steingartenpflanze zu gebrauchen, dann aber an einem geschützten Platz. Im Winter müssen der Pflanzenfuß mit Laub und die Pflanze selbst mit einigen Fichtenzweigen geschützt werden.

Sorten: –

Besonderheiten: Mit diesem Farn sind bisher erst wenig Erfahrungen gesammelt worden.

Gattung: *Pellaea*

Art: *viridis*

Synonyme: *P. hastata*

Familie: Sinopteridaceae

Deutscher Name: Pellaea

Heimat: Südafrika, Madagaskar, Mauritius

Beschreibung: Die Blätter dieser Art sind grüner als die von *P. rotundifolia* und auch wesentlich größer (50 × 25 cm). Die Form des Wedels ist länglich-dreieckig und das Blatt, jedenfalls im unteren Teil, dopppelt gefiedert. Die Spitze der Spreite ist einfach gefiedert.
Die Fiederblättchen sind geöhrt. Sie stehen immer frei voneinander.

Standort: Wächst an verhältnismäßig trockenen Standorten in steinigen Böden.

Verwendung: Zimmerpflanze

Ansprüche: Ein starkwachsender Farn für einen nicht zu dunklen, sonnenabgewandten Platz im Zimmer.

Pellaea viridis

Möglichst regelmäßig Regenwasser vernebeln. Temperatur im Sommer 20 bis 25 °C, im Winter um 15 °C.
Der Wasserbedarf ist nicht so groß. Vorsicht ist bei Mineraldüngergaben geboten. Es sollte nie mehr als ½ bis ¼ der empfohlenen Konzentration verabreicht werden.
Aufpassen, daß der Topfballen nicht austrocknet.

Sorten: –

Besonderheiten: Diese Art ist wesentlich schwieriger zu bekommen als die viel häufigere *P. rotundifolia.*

Gattung:	*Pellaea*
Art:	*rotundifolia*
Synonyme:	–
Familie:	Sinopteridaceae
Deutscher Name:	Pellaea
Heimat:	Neuseeland, Norfolk-Inseln
Beschreibung:	Kriechender Wurzelstock. Wedel bis 30 cm lang und 4 cm breit, einfach gefiedert. Sowohl Blattstiel als auch Hauptnerv behaart und schuppig. Die Fiederblättchen, etwa 10 bis 20 je Blattspreite, sind braungrün, rundlich-oval, ganzrandig, kahl und lederartig.
Standort:	Wächst in verhältnismäßig trockenen Gebieten, oft auf steinigem Untergrund.
Verwendung:	Zimmerpflanze
Ansprüche:	Dieser sehr aparte kleine Farn braucht nicht so viel Licht und verträgt auch eine niedrige relative Luftfeuchtigkeit. Die Pflanze braucht eine konstante Zimmertemperatur von etwa 20 °C. Die Lebensdauer der Pflanze wird aber verlängert, wenn die Temperatur im Winter auf 14 bis 15 °C herabgesetzt wird. Ein Nordfenster ist vielleicht der ideale Standort, besonders wenn der Farn in einem Ampeltopf gezogen wird. Die Meinungen über Vernebeln oder Nichtvernebeln von Wasser gehen auseinander. Meine eigenen Erfahrungen mit Nebeln sind sehr positiv. Die besten Wachstumsergebnisse werden in flachen, gut drainierten Töpfen erzielt. Der Ballen darf nie ganz austrocknen. Das Wasserbedürfnis ist auch nicht übermäßig groß.
Sorten:	–
Besonderheiten:	–

Phlebodium

Gattung:	*Phlebodium*
Art:	*aureum*
Synonyme:	*Polypodium aureum*
Familie:	Polypodiaceae
Deutscher Name:	Gold-Tüpfelfarn
Heimat:	Tropisches Südamerika
Beschreibung:	Blätter groß (bis 50 cm) und tief fiederspaltig, unterseits blau angelaufen. Blattstiel bis zu 50 cm lang und gelblich. Auffallend sind die gelbbraunen, flaumig beschuppten Wurzelstöcke, die oft über den Rand des Blumentopfes hinauswachsen.
Standort:	Wächst im Schatten hoher Pflanzen in tropisch feuchten Klimaten.
Verwendung:	Ein sehr guter, ziemlich großer Farn für das Wohnzimmer.
Ansprüche:	Wenn er einmal den Übergang von der Gärtnerei ins Zimmer geschafft hat, verträgt der Farn auch eine niedrige relative Luftfeuchtigkeit recht gut. Die normale Zimmertemperatur ist für diese Art gut geeignet, sie kann nachts bis auf 16 °C zurückgehen. Gelegentliches Vernebeln von Wasser ist angeraten. Für ein Nord-, Ost- oder Westfenster geeignet. Der Topfballen muß regelmäßig feuchtgehalten werden. Besser noch ist die Kultur in Selbstbewässerungstöpfen. Wenn die Pflanzen in gewöhnlichen Plastiktöpfen stehen, ist regelmäßiges Umtopfen im Frühjahr nützlich. Normale Topferde reicht dafür aus. Vorsicht ist beim Nachdüngen geboten. Einmal monatlich im Sommerhalbjahr mit der Hälfte der empfohlenen Konzentration ist völlig ausreichend.
Sorten:	'Mandaianum' besitzt gewellte Blattzipfel, die zudem unregelmäßig gekraust sind.
Besonderheiten:	–

Phyllitis

Gattung:	*Phyllitis*
Art:	*scolopendrium*
Synonyme:	*Scolopendrium vulgare, S. officinarum*
Familie:	Aspleniaceae
Deutscher Name:	Hirschzungenfarn
Heimat:	Europa, Kleinasien, Japan, Nordafrika und östliches Nordamerika
Beschreibung:	Wintergrüner Farn mit glänzendgrünen Blättern auf einem kurzen, beschuppten Stamm, Blätter ganzrandig, zungenförmig, der Blattrand oft etwas gewellt. Die Blattfarbe ist dunkelgrün, wiewohl der Standplatz dabei eine wichtige Rolle spielt. Das gilt im übrigen auch für die Länge der Blätter, die bei einer Breite der Blätter von um 5 cm zwischen 25 und 50 cm betragen kann.
Standort:	Der Hirschzungenfarn ist eine ausgesprochene Schattenpflanze, die auch noch an sehr dunklen Standorten wie Felshöhlen und Brunnenschächten wächst. Meistens findet man ihn aber auf steinigen Halden im Wald oder auf feuchten Mauern und Felsen, die im Schatten liegen. Die sehr formenreiche Art ist kalkliebend.
Verwendung:	Allerlei Formen des Hirschzungenfarns werden nicht allein in Gärten gepflanzt, sondern auch als Topfpflanzen ins Zimmer gestellt.
Ansprüche:	Bei Verwendung als Zimmerpflanze ist ein kühler Platz ohne Sonneneinwirkung erforderlich. In Treppenhäusern, Eingängen, auf Fluren und in Vorräumen gibt es solche Plätze.

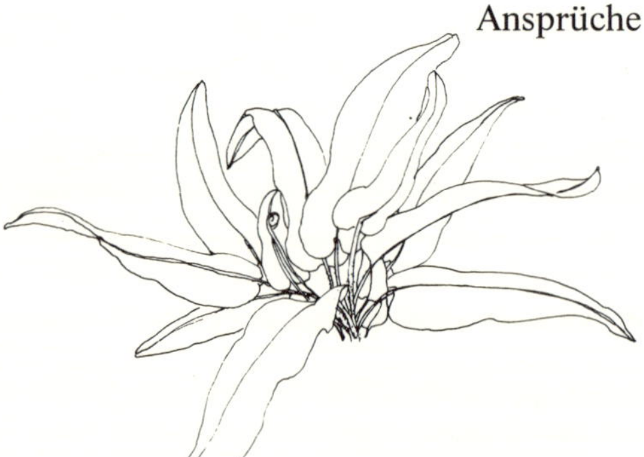

Phyllitis scolopendrium

Während des Sommers braucht die Pflanze viel Wasser, sowohl auf den Wurzelballen als auch in Form von Wassernebel auf das Blatt. Dazu sollte Regenwasser verwendet werden, weil es sonst leicht Kalkflecke auf den Blättern gibt.

Regelmäßiges Nachdüngen ist ebenso nützlich wie alljährliches Umtopfen des Farns. Dazu kann gewöhnliche Topferde, am besten mit Zugabe von etwas Kalk, verwendet werden.

Im Garten ist der wintergrüne Farn eine sehr beliebte Pflanze. Er braucht dort aber einen Platz, an dem er auch vor der Wintersonne geschützt ist. Die Erde soll genügend Humus enthalten. In der Natur wächst der Farn oft in reinem Blatthumus, der auf Kalkgestein abgelagert wurde. Besonders schön ist der Hirschzungenfarn unter frühblühenden Sträuchern wie *Corylopsis, Hamamelis, Ribes* und *Amelanchier,* aber auch an schattigen Plätzen in großen Steingärten.

Sorten: Im Laufe der Jahre sind Hunderte von Formen des Hirschzungenfarns gefunden und weitervermehrt worden. Das zeigt, welche Variationsbreite auch bei einer Pflanzenart mit einfachen ungeteilten Blättern möglich ist. Einige sehr brauchbare und schöne Sorten:

Phyllitis scolopendrium
'Crispa'

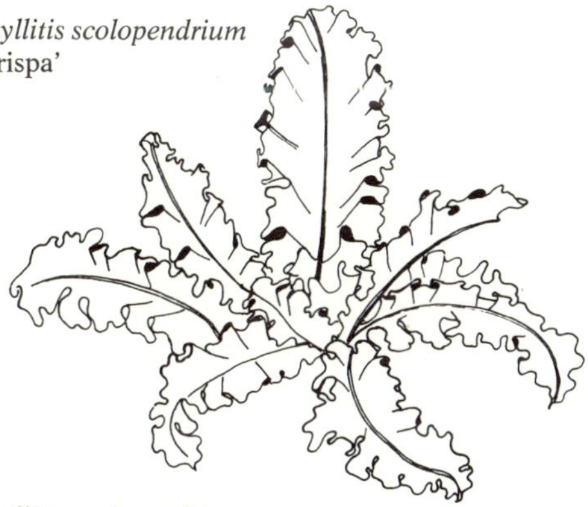

'Capitata'. Ein hahnenkammartiger Typ. Die Blätter sind anfänglich normal entwickelt, an der Spitze jedoch verbreitert und gekraust.

'Crispa' wurde bereits im vorigen Jahrhundert in England entdeckt. Die Sorte hat regelmäßig und stark eingeschnittene Blattränder. Die Blattfarbe ist etwas heller als bei der Art. Für diese Sorte ist Schutz vor Wintersonne unabdingbar, weil die Blätter sonst leicht „verbrennen". Länge der Blätter 30 bis 40 cm.

Phyllitis scolopendrium
'Inequale Varians'

'Inequale Varians' ist eine sehr hübsche Sorte mit steifen, aufrechtstehenden Blättern, die stark geweihartig verzweigt sind. Sie kommt in allerlei Variationen vor.

'Undulata' hat glänzend dunkelgrüne Blätter, die an den Rändern unregelmäßig gewellt sind. Die Blätter erreichen eine Länge von um 30 cm und sind 3 bis 4 cm breit.

Besonderheiten: –

Pityrogramma

Gattung:	*Pityrogramma*
Art:	*argentea*
Synonyme:	*Ceropteris argentea, Gymnogramma argentea*
Familie:	Hemionitidaceae
Deutscher Name:	Silberfarn
Heimat:	Tropen, Südafrika
Beschreibung:	Blätter bis 80 cm lang und 20 cm breit, zwei- bis dreifach gefiedert und geteilt. An der Unterseite weiß bepudert (Name).
Standort:	Farn, der in feuchten Wäldern vorkommt.
Verwendung:	Zimmerpflanze
Ansprüche:	Verlangt eine Behandlung, die in etwa mit der für den Saumfarn *(Pteris cretica)* übereinstimmt. Braucht einen verhältnismäßig kühlen Raum, in dem eine hohe relative Luftfeuchtigkeit herrscht. Die Temperatur darf nachts bis auf 14 °C absinken. Die Lichtbedürfnisse sind nicht so groß. Der Topfballen darf aber nicht austrocknen. Ein gelegentliches Tauchen in Regenwasser ist zu empfehlen.
Sorten:	–
Besonderheiten:	Dieser Farn wird wenig kultiviert und ist daher auch nur schwer zu bekommen.

Gattung:	*Pityrogramma*
Art:	*chrysophylla*
Synonyme:	–
Familie:	Hemionitidaceae
Deutscher Name:	Goldfarn
Heimat:	Westindien, Südbrasilien, Westafrika
Beschreibung:	In allen Teilen etwas größer als der Silberfarn und hellgelb bepuderte Blattunterseiten.
Standort:	Ist ein Farn der feuchten Wälder in warmen Regionen.
Verwendung:	Zimmerpflanze
Ansprüche:	s. *P. argentea*
Sorten:	–
Besonderheiten:	s. *P. argentea*

Platycerium

Gattung:	*Platycerium*
Art:	*bifurcatum*
Synonyme:	*P. alicorne*
Familie:	Polypodiaceae
Deutscher Name:	Geweihfarn
Heimat:	Tropisches Australien, Queensland, Neuguinea
Beschreibung:	Auffallender Farn, dessen sterile Blätter (Nischenblätter) konvex stehen und einen glatten oder stumpf gelappten Rand haben. Anfangs sind diese Blätter grün, aber nach einiger Zeit werden sie braun. Die fertilen Blätter sind bis zu 70 cm lang und zwei- bis dreimal gegabelt mit überhängenden, zungenförmigen Lappen, die von graugrüner Farbe und leicht wollig behaart sind.
Standort:	Die Geweihfarne wachsen auf Ästen und Stämmen verschiedener Baumarten in tropischen Gebieten. Es sind sogenannte Epiphyten.
Verwendung:	Zimmerpflanze
Ansprüche:	Einer der wenigen Farne, die auch in trokkener Zimmerluft gut aushalten. Darum darf der „Staub“ auch nicht von den Blättern gefegt werden, denn er sorgt dafür, daß eine starke Verdunstung unterbleibt. Dunklere, aber auch etwas hellere Standplätze werden gut vertragen. Eine Temperatur von 20 °C ist bestens. Sie kann im Winter auch ruhig bis auf 15 °C sinken. Das Begießen der Geweihfarne verursacht immer wieder Probleme. Darum ist es am besten, die Pflanzen einmal in der Woche oder zweimal in drei Wochen einschließlich Topf in lauwarmes Regenwasser zu tauchen. Zwischendurch sollte die Basis der Pflanze gut trocken werden. Im Sommer sollten die Pflanzen einmal im Monat in Wasser getaucht werden, dem Topfpflanzendünger in schwacher Konzentration (1 bis 2 g/l Wasser) zugefügt wurde.

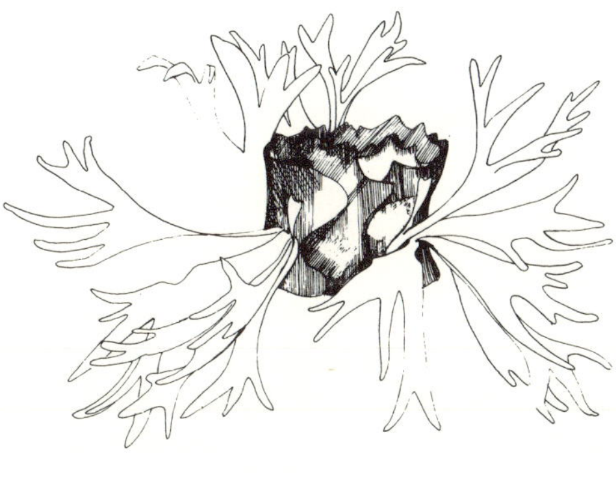

Platycerium bifurcatum 'Netherlands'

	Geweihfarne wachsen am besten und sind auch am dekorativsten, wenn sie als Hängepflanzen gezogen werden. Ein Umtopfen ist nur in weiteren Abständen vonnöten. Ist das der Fall, dann sollte der käuflichen Blumenerde etwas Torfmull und Lauberde sowie eine kleine Menge getrockneter Kuhdung zugesetzt werden.
Sorten:	'Wilhelminae Reginae' besitzt sterile Blätter, die stärker eingeschnitten sind, und kurze, stark verzweigte fertile Blätter, die mehr aufrecht wachsen. 'Netherlands'. Eine schöne Auslese des Gartenbaubetriebes Lemkes in Alphen aan de Rijn. Sie stammt von der vorgenannten Sorte ab, wächst aber auch kompakter und noch aufrechter als diese. Auch als kleine Pflanze ist die Sorte sehr schön.
Besonderheiten:	–

Gattung:	*Platycerium*
Art:	*grande*
Synonyme:	–
Familie:	Polypodiaceae
Deutscher Name:	Großer Geweihfarn
Heimat:	Nordaustralien, tropisches Asien, Indonesien
Beschreibung:	Bei *P. grande* fallen die großen, breiten und nestförmigen sterilen Blätter (Nischenblätter), die aufrechte und gabelig geteilte Lappen besitzen, besonders auf. Die fertilen Blätter hängen stark und sind geweihartig verzeigt. Sie sind dünn und lederig, lebhaft grün, in der Jugend aber graufilzig. Auffallend ist auch der Platz der Sporenhäufchen. Sie sitzen als ein großer Fleck an der Gabelung der Blätter.
Standort:	Epiphytisch wachsender Farn in und auf Bäumen in tropischen Gebieten.
Verwendung:	Zimmerpflanze
Ansprüche:	s. *bifurcatum*

Sorten: –
Besonderheiten: Diese Art ist schwerer zu bekommen als *P. bifurcatum.*

Polypodium

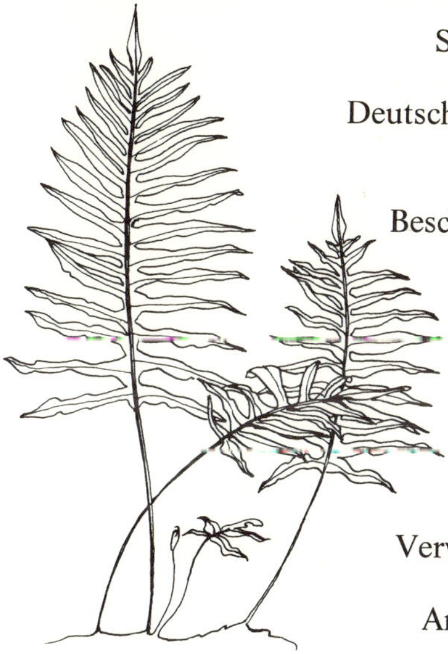

Polypodium interjectum

Gattung: *Polypodium*
Art: *interjectum*
Synonyme: *P. vulgare* ssp. *prionodes*
Familie: Polypodiaceae
Deutscher Name: Federtüpfelfarn
Heimat: In Europa verbreitet, in Holland u.a. in kalkreichen Dünen
Beschreibung: Bis zu 60 cm lange Wedel, oval bis lanzettförmig und 12 bis 15 cm breit. Wächst stärker als *P. vulgare.* Die Spitzen der Fiederzipfel sind schmal zugespitzt und an den Rändern leicht gesägt. Das unterste Fiederpaar ist auffallend nach vorn gerichtet.
Standort: Wächst unter denselben Bedingungen wie *P. vulgare.*
Verwendung: Eine Pflanze für schattenreiche Plätze im (Wald)Garten.
Ansprüche: Braucht einen sehr humusreichen Boden. Im Sommer für genügend Feuchtigkeit im Boden sorgen. Gießen kann daher notwendig werden, vor allem wenn der Farn im Bereich flachwurzelnder Pflanzen steht.
Im Garten in (kleinen) Gruppen pflanzen. Nach dem Charakter der Pflanze ist von Einzelstellung abzuraten. Brauchen vollen Schatten.

Polypodium interjectum 'Pulcherrimum'

Sorten: Es sind eine ganze Reihe von Sorten bekannt. Einige empfehlenswerte sind:
'Cornubiense' (syn. 'Elegantissimum') ist eine starkwachsende Sorte mit bis zu 50 cm langen Wedeln, die 20 cm breit sind. Eine stark gefiederte, fein zerteilte Form. Die Fiedern sind schmal, 10 cm lang und abermals gefiedert. Diese empfehlenswerte Sorte wurde in Cornwall (Südwestengland) gefunden.

Polypodium interjectum 'Semilacerum'

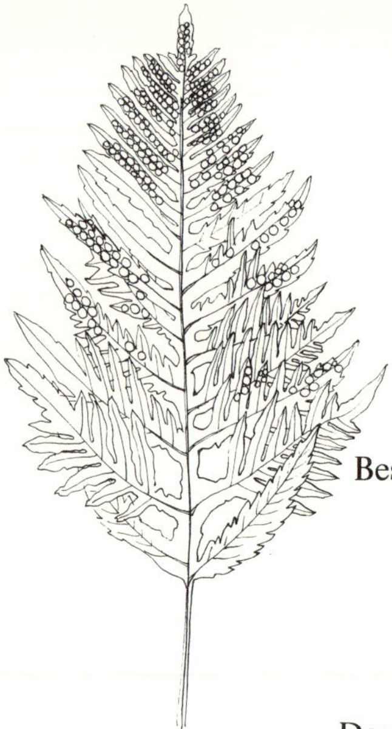

'Laciniatum' hat 40 cm lange und bis zu 10 cm breite Wedel. Die Fiederzipfel sind sehr formenreich und haben gesägte Enden.
'Pulcherrimum'. Blatt eiförmig bis länglich und doppelt gefiedert. Die Zipfel sind am Ende stumpf.
'Semilacerum' wurde ursprünglich in Irland gefunden, später auch auf Kalkgestein in England.
An der Spitze des Blattes sind die Zipfel ganzrandig, nach unten zu sind sie doppelt gefiedert.

Besonderheiten: –

Gattung: *Polypodium*
Art: *vulgare*
Synonyme: –
Familie: Polypodiaceae
Deutscher Name: Tüpfelfarn, Engelsüß
Heimat: Europa, Asien, Südafrika, Nordamerika, Mexiko, Hawai
Beschreibung: In Abhängigkeit vom Standort entwickeln sich 10 bis 40 cm lange dunkelgrüne Wedel, die tief fiederspaltig und leicht überhängend sind. Die Zipfel sind beinahe ganzrandig. Der kriechende Wurzelstock ist mit hellbraunen Schuppen bekleidet. Der Farn ist wintergrün. Wenn sich im Mai die jungen Blätter entwickeln, stirbt das alte Laub ab. Höhe um 25 cm.
Standort: Verbreitet u. a. in Wäldern, auf Wallhekken und in Dünentälern. Gesellig an schattigen Hängen, aber auch auf alten Baumstubben und Kopfweiden. Im Gebirge wächst er regelmäßig auch auf Felsblöcken. Es ist ein Farn mit großem Anpassungsvermögen.
Verwendung: Gut als Bodendecker in Naturgärten zu brauchen. Man kann auch versuchen, Pflanzen auf Findlingen, die im Schatten liegen, anzusiedeln. Wachsen gut unter

Polypodium vulgare 'Bifido-Multifidum'

tiefwurzelnden Gehölzen und Bäumen wie Eichen und Kiefern. Auch im Steingarten zu gebrauchen.

Ansprüche: Leichter Schatten ist erwünscht.

Sorten: Eigenartig ist die Sorte 'Bifido-Multifidum' mit 30 bis 40 cm langen Wedeln, die ± 5 cm breit und in der Spitze mehrfach verzweigt sind.

Besonderheiten: Die Wurzeln wurden früher als wichtiger Bestandteil von Orchideenerde gebraucht.

Den süßschmeckenden Wurzelstock brauchten Ärzte in alter Zeit gegen Leberkrankheiten und Gicht.

Ein bekanntes Volksheilmittel war Tee vom Engelsüß, der gegen Husten und Heiserkeit half.

Polystichum

Gattung: *Polystichum*

Art: *acrostichoides*

Synonyme: *Aspidium acrostichoides*

Familie: Aspidiaceae

Deutscher Name: Schildfarn, Dolchfarn, Christmas-(Weihnachts-)Farn der Amerikaner

Heimat: Vor allem östliches Nordamerika und Kanada sowie die Gebirge im südlichen Nordamerika.

Beschreibung: Dunkelgrüne, bis 50 cm lange und 10 cm breite, einfach gefiederte Blätter. Die Blätter sind kurzgestielt und schmal-lanzettlich.

Die inneren Wedel sind häufig fertil, die weiter außen stehenden steril. Der Farn ist wintergrün, jedenfalls gilt das für die sterilen Blätter.

Standort: Wächst in der Natur auf humusreichen, steinigen Böden und Abhängen.

Verwendung: Ein schöner, halbhoher Farn für den großen und mittelgroßen Garten. Vor allem auch sehr schön, wenn die Blattwedel sich entrollen, weil dann die weißlichen Spreuschuppen deutlich sichtbar sind.

Ansprüche: Braucht einen humusreichen und kalkreichen Standort.

Sorten: –

Besonderheiten: Der Name Weihnachtsfarn rührt daher, daß die wintergrünen Blätter in Amerika und Kanada als weihnachtliches Schnittgrün gebraucht werden.

Gattung: *Polystichum*

Art: *aculeatum*

Synonyme: *P. lobatum*

Familie: Aspidiaceae

Deutscher Name: Glanz-Schildfarn

Heimat: Europa, Ostasien, Nordafrika, Kanarische Inseln

Beschreibung: Wintergrüner Farn mit lanzettförmigen, doppelt gefiederten, lederartigen Blättern. Die Ränder der Fiedern sind grannig gezähnt.
Der kurze Stiel (um 10 cm) ist auffallend reich mit kupferfarbenen Spreuschuppen besetzt.

Polystichum aculeatum

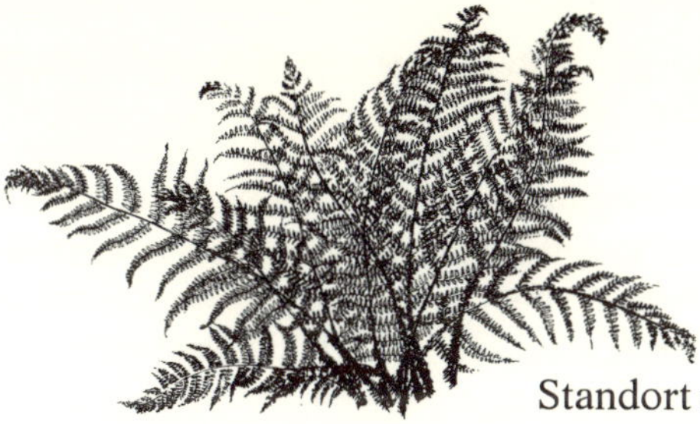

Polystichum aculeatum
'Pulcherrimum Brevis'

Die Blätter sind glänzend dunkelgrün. Alte Exemplare auf günstigen Standorten können Horste von mehr als 100 cm Durchmesser und fast ebensolcher Höhe erreichen.
Erst wenn sich im Mai die neuen Wedel entwickeln, sterben die alten Blätter ab.

Standort: Wächst am häufigsten auf steinigem Boden und an steinigen Abhängen. Kommt bis an die Baumgrenze vor.

Verwendung: Sehr für den allzeit grünen Garten geeignet. Wächst unter kleineren Koniferen und zwischen Rhododendron. Ist gut mit frühblühenden Stauden wie *Hepatica* und *Pulmonaria* zu kombinieren.

Ansprüche: Keine besonderen Ansprüche.

Sorten: 'Pulcherrimum Brevis'. Sehr schöne Form mit schmalen Wedeln. Auch die Fiederblättchen sind auffallend lang und schmal und stark geöhrt.

Besonderheiten: –

Gattung: *Polystichum*

Art: *braunii*

Synonyme: –

Familie: Aspidiaceae

Deutscher Name: Zarter Schildfarn

Heimat: Gemäßigte Zonen in Europa, Kaukasus, Japan, Hawai, Nordostamerika

Beschreibung: Ein 75 cm hoch werdender Farn, der einen blaßgrünen Blattstiel mit beinahe schwarzer Basis besitzt und mit gelblichen bis dunkelbraunen Schuppen besetzt ist. Die Wedel wachsen aufrecht und bilden einen dünnen Horst. Nur sommergrün, mattglänzend und unterseits weißhaarig. Das Blatt hat eine lanzettliche Form und ist doppelt bis dreifach gefiedert.

Standort: Wächst vor allem in schattigen Bergwäldern und dann dort, wo das Mikroklima feucht und kühl ist, z. B. an Wasserläufen.

Verwendung:	An geschützten, einigermaßen feuchten Plätzen im Garten.
Ansprüche:	Der Farn treibt früh aus und ist dann sehr empfindlich gegen Nachtfröste. Daher in Nordlagen pflanzen, wo die Pflanzen später austreiben. Durch die weißwollige Behaarung unter den Blättern im ersten Entwicklungsstadium besonders schön.
Sorten:	–
Besonderheiten:	Die Art kommt in der freien Natur in Deutschland nur noch sehr selten vor und ist auch im Handel nur selten echt zu bekommen.

Gattung:	*Polystichum*
Art:	*lonchitis*
Synonyme:	–
Familie:	Aspidiaceae
Deutscher Name:	Lanzenfarn
Heimat:	Europa, Kleinasien, Kaukasus, Sibirien, Mittelasien, Himalaja, Japan, Nordamerika, Grönland
Beschreibung:	Blätter etwa 50 cm lang und sehr schmal (um 4 cm) mit kurzem Blattstiel. Das lederartige, einmal gefiederte Blatt hat sichelförmige, an der Basis geöhrte Fiedern, die an den Rändern gezähnt sind. Wintergrün.
Standort:	Typische Form des Hochgebirges. Wächst sowohl auf Ur- als auch auf Kalkgestein. Kommt oft in der Nähe von *Rhododendron* und Kiefern vor.
Verwendung:	Speziell für große Steingärten geeignet, wo der Farn einen richtigen Blickfang bilden kann.
Ansprüche:	Muß mit Fichten- und Kiefernzweigen sehr gut gegen die Wintersonne abgeschirmt werden, weil sonst leicht Schäden auftreten.
Sorten:	–
Besonderheiten:	–

Gattung: *Polystichum*
Art: *munitum*
Synonyme: –
Familie: Aspidiaceae
Deutscher Name: Schwertfarn
Heimat: Alaska bis Kalifornien
Beschreibung: Etwa 75 cm lange Wedel, die einfach gefiedert sind. Die Fiedern sind lanzettlich und laufen nach oben schmal aus. Sie stehen sehr dicht beieinander. Die Unterseite ist behaart und leicht schuppig.
Die Farbe der Blätter ist dunkelgrün. Sie sind fest und wintergrün.
Standort: Kommt in nährstoffreichen, feuchten Waldböden und Hängen vor, die nicht oder nur wenig von der Sonne beschienen werden.
Verwendung: Trotz seines Verbreitungsgebietes nicht so hart wie man erwarten könnte. Braucht einen Platz zwischen Bodendeckern.
Beschreibung: Muß vor allem gegen die Wintersonne abgeschirmt werden.
Sorten: –
Besonderheiten: Die Blätter werden auch als Schnittgrün gehandelt.

Gattung: *Polystichum*
Art: *setiferum*
Synonyme: *P. angulare, Aspidium angulare*
Familie: Aspidiaceae
Deutscher Name: Weicher Schildfarn
Heimat: West-, Mittel- und Südeuropa
Beschreibung: Im Vergleich mit *P. aculeatum* sind die Blätter weicher, mattgrün und daher nicht glänzend. Bleibt nur an sehr geschützten Standorten wintergrün.
Unter günstigen Bedingungen erreicht die Pflanze einen Durchmesser von mehr als 1 m und eine Höhe von 75 cm und mehr.
Die Blätter sind doppelt gefiedert und etwa 30 cm breit. Stiel und auch andere

Teile des Wedels sind mit Streuschuppen und Haaren besetzt.

Standort: Wächst, oft massenhaft, vor allem auf niedrig gelegenen Flächen in schattigen Bergwäldern der gemäßigten Zonen.

Verwendung: Sehr guter, hochwachsender Gartenfarn, der in kleineren Gärten als Solitär und in größeren Gärten als Gruppe gepflanzt werden sollte. Er ist in Kombination mit Stauden und Zweijährigen wie Fingerhut, Silberkerze, Lilien, *Dictamnus, Smilacina* und *Rodgersia* besonders schön.

Ansprüche: Keine besondere Behandlung erforderlich.

Sorten: 'Congestum'. Gestauchte Form mit dunkelgrünen, steif aufrechtstehenden Wedeln, die selten größer als 20 bis 25 cm und 6 cm breit sind. Die Fiederblättchen stehen dicht aufeinander und überlappen sich teilweise.

'Cristatum' hat bis 40 cm lange und 10 cm breite Wedel. Die Fiedern sind verhältnismäßig lang und am Ende vielfach einmal verzweigt.

'Herrenhausen'. Ein sehr großer Farn mit einem Pflanzendurchmesser bis zu 125 cm und mit 60 bis 70 cm langen Wedeln, die 20 bis 30 cm breit sind. Die Form der Wedel ist ungefähr dreieckig. Doppelt bis dreifach gefiedert, Blattstiel und Mittelrippe dicht mit hellbraunen Schuppen bedeckt. Der Farn ist sehr fein in seiner Struktur. Auf älteren Blättern entwickeln sich unter günstigen Umständen auch Brutknospen.

'Plumosum Densum' ist ein ziemlich großer Farn (Durchmesser 80 cm), der im Laufe der Jahre ein unterirdisches Stämmchen bildet. Hat schmale, flach abstehende Blattfiedern und ist an der Basis dreifach gefiedert. Die Fiederblättchen überlappen einander ziemlich stark, wodurch ein „gefüllter" Eindruck entsteht.

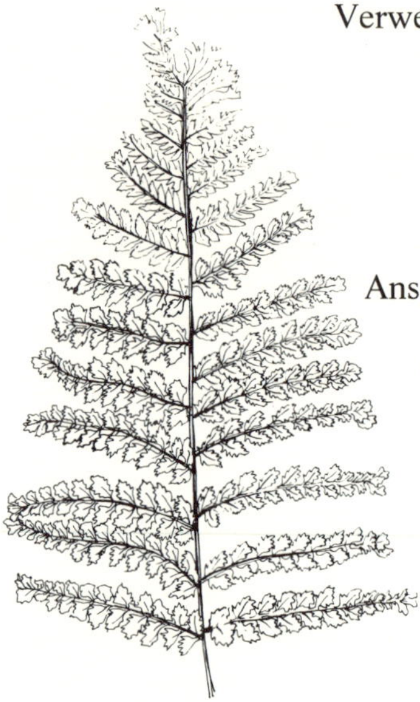

Polystichum setiferum 'Cristatum'

Polystichum setiferum 'Congestum'

'Proliferum'. Der Filigranfarn besitzt schmale Wedel, die hübsch abstehen. Höhe nicht mehr als 40 cm, wiewohl die Länge der Blätter bis zu 75 cm betragen kann. Das Blatt ist zwei- bis dreifach gefiedert. Die Fiederblättchen sind schmal und obendrein gestielt und geöhrt. Der Blattstiel ist mit Haaren und Schuppen bedeckt.

Besonderheiten: Bei vielen Sorten bilden sich entlang der Mittelrippe an der Basis der Fiederblättchen Brutknospen, aus denen sich später neue Pflanzen entwickeln können. Das ist vor allem bei 'Proliferum' (proliferum = brutbildend) der Fall.

Gattung: *Polystichum*
Art: *tsus-simense*
Synonyme: –
Familie: Aspidiaceae
Deutscher Name: Schildfarn
Heimat: Japan, Korea, China, Taiwan
Beschreibung: Kleiner, ziemlich langgestielter Farn mit sehr dunkelgrünen schlanken Wedeln und bis 30 cm hoch. Der Blattstiel besitzt, vor allem an der Basis, viele Spreuschuppen. Der Rest des Stieles und der Hauptnerv sind haarig. Das Blatt ist doppelt gefiedert, lang eiförmig und lederartig. Einige Fiederblättchen sind geöhrt und gezähnt.

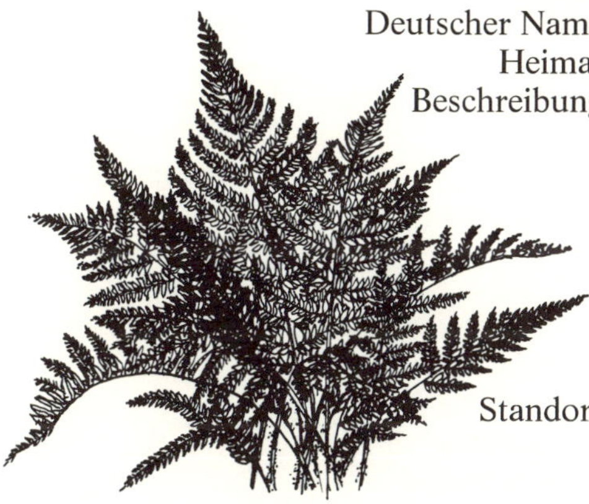

Polystichum tsus-simense

Standort: Erdfarn, der in Wäldern in Gebieten mit ziemlich strengen Wintern vorkommt, aber wahrscheinlich oft in dieser Zeit durch eine Schneedecke geschützt ist.
Verwendung: Zimmerpflanze
Ansprüche: Sehr kräftiger Zimmerfarn, der verhältnismäßig gut mit der trockenen Zimmerluft zurechtkommt. Braucht viel Licht, aber keine Sonne. Regelmäßiges Vernebeln von Wasser ist günstig. Die Temperatur kann nachts bis auf 5 bis 6 °C absinken.

Erfahrungen, vor allem in Deutschland, lassen es sinnvoll erscheinen, diesen Farn auch als Gartenfarn zu testen. Dann sollte aber für eine leichte Abdeckung dieses wintergrünen Farns gesorgt werden. Auch für den Steingarten geeignet und in milden Wintern auch in großen Pflanzgefäßen mit wintergrünen Pflanzen.

Sorten: –

Besonderheiten: –

Pteridium

Gattung: *Pteridium*

Art: *aquilinum*

Synonyme: –

Familie: Hypolepidaceae

Deutscher Name: Adlerfarn

Heimat: Kosmopolit, der in allen gemäßigten und tropischen Gebieten auf der Welt vorkommt.

Beschreibung: Einer der bekanntesten Farne überhaupt. Besitzt lange Wurzelstöcke, die behaart sind. Aus den Wurzeln wachsen die Wedel, die unter günstigen Bedingungen 2 m hoch werden können. Das Blatt ist dreifach gefiedert und ungefähr dreieckig in seiner Form.

Pteridium aquilinum

Standort:	Dieser Farn stellt keine so großen Ansprüche an den Boden, wiewohl Kalk schlecht vertragen wird. Das massenhafte Vorkommen deutet oft auf eine mäßige bis schlechte Qualität des Bodens hin. Da, wo ein Kahlschlag erfolgte, erscheint dieser stark wuchernde Farn spontan. Ein leicht beschatteter Platz ist wohl am besten geeignet. In Ackerbaugebieten ist der Adlerfarn ein lästiges Unkraut.
Verwendung:	Eigentlich ist der Adlerfarn nur in großen Gärten, die an einen Wald angrenzen, zu gebrauchen. In kleineren Gärten muß er gut im Zaum gehalten werden und kann nur mit Einschränkung empfohlen werden. Die goldgelbe Herbstfärbung des Adlerfarns ist sehr schön.
Ansprüche:	Keine besonderen Ansprüche.
Sorten:	–
Besonderheiten:	Der Name Adlerfarn kommt von der bräunlichen Zeichnung der Gefäßbündelstränge, die sichtbar wird, wenn man den Wedelstiel am Ende schräg durchschneidet. Sie hat Ähnlichkeit mit einem Doppeladler. Auch bei anderen Farnarten bilden die Gefäßbündel mehr oder weniger auffällige Figuren. Der Adlerfarn ist für Tiere giftig und wird daher auch von Kaninchen nicht gefressen. Teile des Adlerfarns wurden früher für allerlei verwendet, so z.B. als Einstreu in Viehställen und die Asche als Kalidünger.

Pteris

Gattung:	*Pteris*
Art:	*biaurita*
Synonyme:	*P. quadriaurita* var. *biaurita*
Familie:	Acrostichaceae
Deutscher Name:	Saumfarn, Flügelfarn
Heimat:	Tropisches Asien

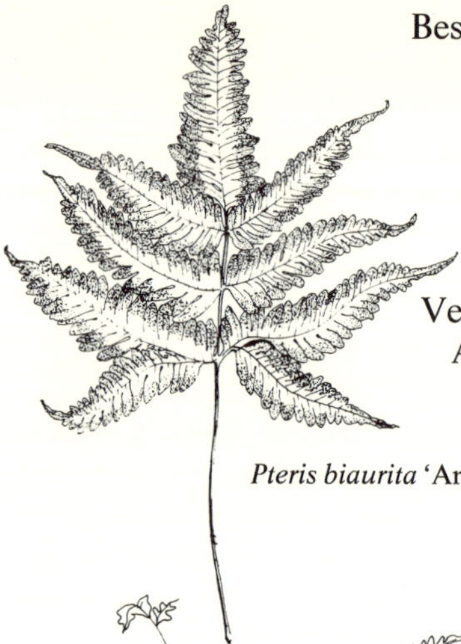

Pteris biaurita 'Argyraea'

Pteris biaurita 'Faurei'

Beschreibung: Farn mit verhältnismäßig großen, etwas lederartigen, doppelt gefiederten Blättern, die eine dreieckige Form haben. Die Blattstiele sind gelb. Einige (die kleinsten) Seitenfiedern sind ungeteilt.

Standort: Erdfarn, der in humusreichen Böden tropischer Wälder wächst.

Verwendung: Zimmerpflanze

Ansprüche: Eine der schönsten *Pteris*-Arten, die aber nicht zu den bequemsten der Gattung gehört.

Die bunten Formen, die meist ausschließlich kultiviert werden, brauchen einen hellen Standort und eine genügend hohe relative Luftfeuchtigkeit. Gelegentliches Vernebeln von Wasser ist daher sehr heilsam.

Die Nachttemperatur kann bis auf 14 °C sinken. Gute Ergebnisse werden mit einer Kultur in wasserstandregulierten Töpfen erreicht.

Sorten: 'Argyraea' mit grünsilbernen Streifen in der Blattmitte.

'Faurei', eine grüne Form.

'Tricolor'. Das Blatt ist dreifarbig, mit rosafarbenen Nerven.

Besonderheiten: –

Gattung: *Pteris*

Art: *cretica*

Synonyme: –

Familie: Acrostichaceae

Deutscher Name: Saumfarn, Kretischer Flügelfarn

Heimat: Tropen und Subtropen nahezu der ganzen Welt. Auch im Mittelmeergebiet und nördlich bis in die Südschweiz.

Beschreibung: Aus einem kurzen, geschuppten Wurzelstock entwickeln sich Blätter mit gelben oder hellbraunen Blattstielen. Sie stehen ziemlich steif aufrecht und werden 25 bis 30 cm lang. Das Blatt ist ziemlich dick und besitzt 2 bis 6 Fiederblätter an

Pteris cretica ‘Albo-Lineata’

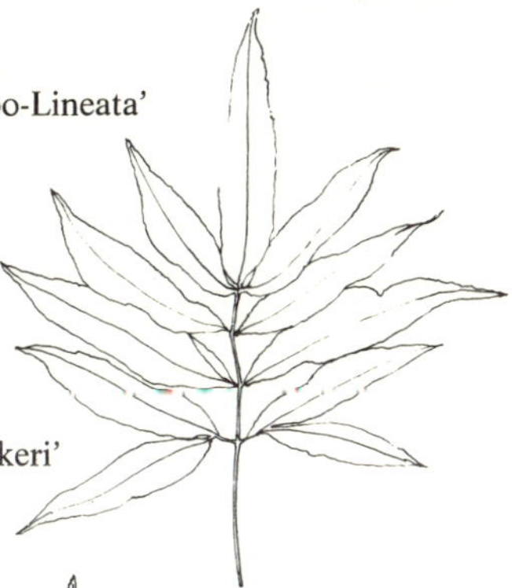

Pteris cretica ‘Parkeri’

Pteris cretica ‘Rivertoniana’

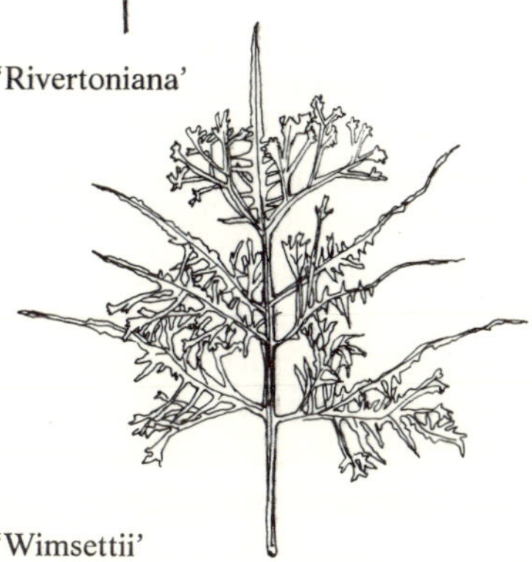

Pteris cretica ‘Wimsettii’

jeder Seite der Mittelrippe. Sehr sortenreiche Art. Die Art selbst ist nicht in Kultur.

Standort: Dieser Erdfarn wächst in feuchten Wäldern in warmen und gemäßigten Klimazonen.

Verwendung: Zimmerpflanze

Ansprüche: Sehr robuster Farn. Die besten Ergebnisse werden in kühlen Räumen erreicht, in denen eine hohe Luftfeuchtigkeit herrscht. Die Temperatur kann bei grünen Sorten nachts bis auf 14 °C sinken, bunte Sorten müssen etwas wärmer gehalten werden.

Das Lichtbedürfnis grüner Sorten ist gering. Das von bunten Formen ist zwar höher, nur direkte Sonne wird auch von ihnen nicht vertragen.

Der Topfballen darf nicht austrocknen. Zum Gießen sollte bevorzugt Regenwasser genommen werden. Einmal im Monat nachdüngen (organisch).

In Abständen wird ein Verpflanzen nötig. Dazu sollte etwas Sand und eventuell auch etwas Lauberde unter die käufliche Blumenerde gemischt werden.

Sorten: Es gibt von *Pteris cretica* eine Vielzahl von Kulturformen. Einige der am meisten angebauten Sorten:

‘Albo-Lineata’ hat breite Fiedern, die in Längsrichtung mit einem auffallend weißen Mittelstreifen versehen sind.

‘Mayi’ fällt vor allem durch einen grauen Mittelstreifen auf. Die Blattspitze ist außerdem gegabelt und sogar gekraust.

‘Parkeri’, eine grobe Form mit breiten, etwas rauhen dunkelgrünen Blattfiedern.

‘Roeweri’ ist eine buschig wachsende Cristata-Form.

‘Wimsettii’, der Farn mit den „Händchen“. Ein sehr kräftiger Farn, dessen Wedelspitzen gekraust sind. Die Ränder der Fiedern sind ganzrandig oder kammförmig verzweigt.

'Rivertoniana' wie 'Wimsettii', die Fiederblattränder jedoch fein gesägt.
'Gauthierii'. Die Blätter sind fein und tief gefiedert, aber nicht kammartig verzweigt und heller.

Besonderheiten: –

Pteris ensiformis 'Evergemiensis'

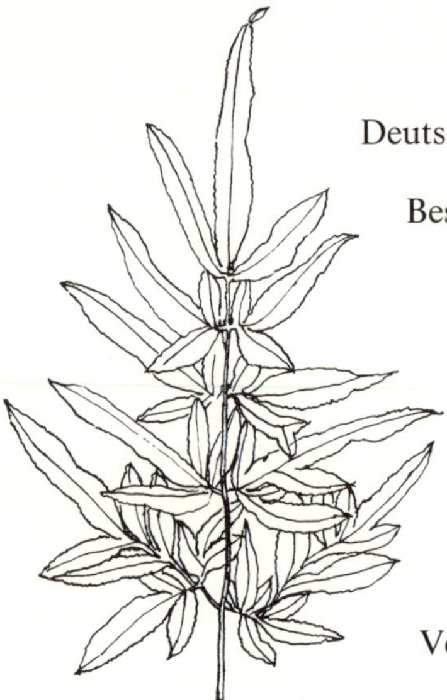

Pteris ensiformis 'Victoriae'

Gattung: *Pteris*
Art: *ensiformis*
Synonyme: *P. crenata*
Familie: Acrostichaceae
Deutscher Name: Schwertförmiger Flügelfarn
Heimat: Tropisches Asien, Australien, Polynesien
Beschreibung: Farn mit dünnen, etwa 15 cm langen, gelblichen Blattstielen. Auffallend ist der Unterschied zwischen sterilen und fertilen Blättern. Die ersteren haben etwas gedrungene Fiedern, die am Rande stark gekerbt sind. Die fertilen Blätter sind länger und die Ränder der Fiederblätter fast ganzrandig.
Die gewöhnliche Art ist nicht in Kultur.
Standort: Wächst auf der Erde in Wäldern in feuchten tropischen Gebieten.
Verwendung: Zimmerpflanze
Ansprüche: Stimmen mit dem überein, was über *P. cretica* gesagt wurde. Die Temperatur sollte nachts aber nicht so tief absinken (16 bis 18 °C). Ist niedriger Luftfeuchtigkeit noch weniger gewachsen als *P. cretica.*
Werden bevorzugt in Plastiktöpfen kultiviert.
Sorten: 'Victoriae' mit breiten, grünlichweißen Streifen, die in Längsrichtung über das Blatt verlaufen.
'Evergemiensis' ist der vorigen Sorte ähnlich, aber ausdrucksvoller (mehr weiß und weniger grün) gezeichnet. Sie wurde von der Firma Van Hoorebeeke in Evergem (Belgien) gefunden.
Besonderheiten: –

Gattung:	*Pteris*
Art:	*tremula*
Synonyme:	–
Familie:	Acrostichaceae
Deutscher Name:	Zitternder Flügelfarn
Heimat:	Australien, Neuseeland
Beschreibung:	Farn mit zwei- bis dreifach gefiederten Blättern. Bei älteren Pflanzen kann die Länge der Blätter, einschließlich der ziemlich langen braunen Stiele, gut 100 cm betragen. Bei handelsüblichen Pflanzen sind die Blätter immer viel kleiner (um 50 cm). An der Spitze der Blätter stehen die Fiedern weiter auseinander als an der Basis. Das Laub ist an der Basis auch dicker.
Standort:	Wächst in feuchten Wäldern.
Verwendung:	Zimmerpflanze, im Sommer eventuell auch draußen.
Ansprüche:	Wird zu Recht als eine der starkwüchsigsten *Pteris*-Arten angesehen. Bildet sehr viel neues Blatt. Was die Ansprüche angeht, wird auf das verwiesen, was über Pteris cretica geschrieben wurde. Kann im Sommer gut nach draußen gestellt werden, dann aber auf einen sonnenabgewandten Platz. Dazu die Pflanze mit Topf (in diesem Fall einem Tontopf) eingraben.
Sorten:	–
Besonderheiten:	–

Stenochlaena

Gattung:	*Stenochlaena*
Art:	*palustris*
Synonyme:	–
Familie:	Blechnaceae
Deutscher Name:	Stenochlaena
Heimat:	Tropisches Asien, Australien, Polynesien
Beschreibung:	Farn mit oberseits glänzenden, ziemlich hellgrünen, einfach gefiederten Blättern. Die Fiedern haben einen gewellten Blatt-

rand, der fein gesägt ist. Neue Wedel sind im Austrieb kupferfarben.

Standort: Ein epiphytisch, d.h. auf anderen Pflanzen, meistens Bäumen, wachsender Farn.

Stenochlaena palustris

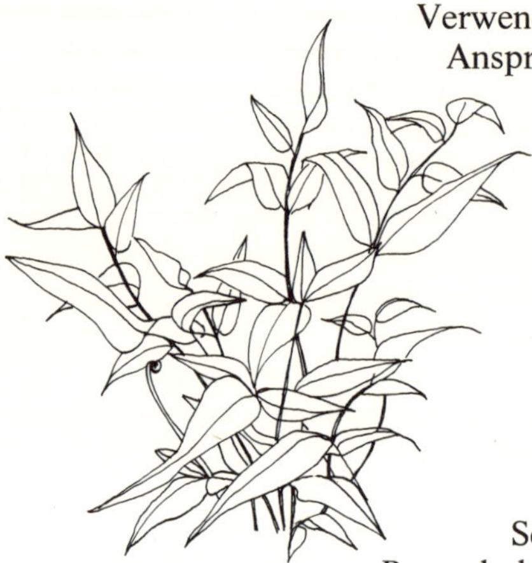

Verwendung: Zimmerpflanze

Ansprüche: Dieser Farn verträgt keine Temperaturen unter 12 °C. Das Lichtbedürfnis ist für einen Farn ziemlich groß. Durch einen Vorhang gefiltertes Licht ist hervorragend geeignet. Die relative Luftfeuchtigkeit soll hinreichend hoch sein und die Topferde muß regelmäßig und gleichmäßig feucht gehalten werden, wiewohl einige Zeit Trockenheit vertragen wird.
Wächst genau wie der Geweihfarn auch gut in alten Baumstämmen, die ausgehöhlt sind.

Sorten: –

Besonderheiten: –

Thelypteris

Gattung: *Thelypteris*

Art: *phegopteris*

Synonyme: *Dryopteris phegopteris, Aspidium phegopteris, Lastrea phegopteris, Phegopteris vulgaris, Nephrodium phegopteris, Gymnocarpium phgopteris, Phegopteris vulgaris, Phegopteris polypodioides, Phegopteris connectilis*

Familie: Thelypteridaceae

Deutscher Name: Buchenfarn

Heimat: Farn der nördlichen gemäßigten Zone, doch auch in Gebirgen Südeuropas

Beschreibung: Die beiderseits leicht behaarten, einfach gefiederten Wedel sind dreieckig in der Form und hellgrün. Gesamtlänge der Blätter 15 bis 45 cm; mehr als die Hälfte davon entfällt auf die brüchigen Stiele. Die Fiedern sind am Hauptnerv miteinander verwachsen. Bei den untersten Fiedern ist das nicht der Fall; obendrein sind die auch am größten und abwärts gerichtet.

Standort:	Farn feuchter Laubwälder, wo er dichte Horste bildet. Vor allem viel in Buchenwäldern, an Quellen und Bachläufen zu finden.
Verwendung:	Bestens als Bodendecker unter lichten Bäumen und Licht durchlassenden Sträuchern zu gebrauchen. Gesellig pflanzen. Wuchert nicht so stark und ist darum auch für kleinere Gärten geeignet.
Ansprüche:	Keine besonderen Ansprüche.
Sorten:	–
Besonderheiten:	–

Gattung:	*Thelypteris*
Art:	*palustris*
Synonyme:	*T. thelypteroides, Aspidium thelypteris, Polystichum thelypteris, Dryopteris thelypteris, Nephrodium thelypteroides, Lastrea thelypteris, Nephrodium thelypteris, Aspidium palustre*
Familie:	Thelypteridaceae
Deutscher Name:	Sumpf-Nierenfarn
Heimat:	Europa, Sibirien, Japan, Korea, China, Afrika, Neuseeland, Nordamerika
Beschreibung:	Die 25 bis 100 cm langen, hellgrünen Wedel wachsen in einigem Abstand voneinander aus einem langen, dünnen, schwarzen Wurzelstock. Der Blattstiel ist kahl, die Blätter doppelt gefiedert, die Fiedern selbst ganzrandig.
Standort:	Kommt auf torfigen, sumpfigen Wiesen und in feuchten Wäldern vor, wächst aber auch zwischen Schilf und kann dann teilweise im Wasser stehen. Kommt aber auch auf trockenen Plätzen vor.
Verwendung:	Sehr gut an Teichrändern in Gesellschaft von allerlei anderen, robusten Uferpflanzen zu verwenden. Auch entlang von Gräben zu gebrauchen. Für den Sumpfgartenliebhaber interessant.
Ansprüche:	Keine besonderen Ansprüche.
Sorten:	–

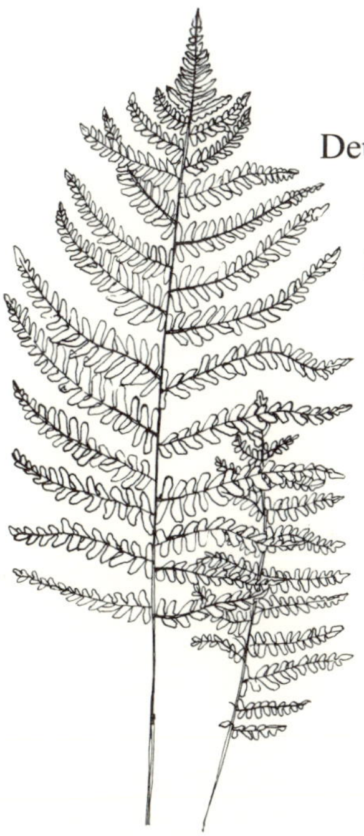

Thelypteris palustris

Besonderheiten:	Die Wedel, die Sporen tragen, sind am Rand eingerollt und dicker als die sterilen Wedel. Die fertilen Blätter erscheinen erst im Vorsommer.

Woodsia

Gattung:	*Woodsia*
Art:	*ilvensis*
Synonyme:	–
Familie:	Woodsiaceae
Deutscher Name:	Wimperfarn
Heimat:	Zirkumpolar sowohl in Nordamerika als auch in Nordeuropa und Nordasien
Beschreibung:	Aus einem beschuppten Wurzelstock entwickeln sich 10 bis 15 cm lange Blätter, die doppelt gefiedert sind. Die Oberfläche der Blätter, die nicht viel breiter als 3 cm sind, ist glatt und grün. Die Unterseite ist mit braunen Härchen und Schuppen besetzt. Das trifft auch für die Blattstiele zu. Fertile und sterile Blätter sind in der Form kaum verschieden voneinander.
Standort:	Wächst auf ziemlich nassen Standorten im lichten Schatten in sehr kalten Regionen.
Verwendung:	Für feuchte Stellen im Steingarten geeignet.
Ansprüche:	Für leichten Schatten sorgen. *Woodsia ilvensis* ist, trotz ihrer Herkunft aus einem rauhen Klima, doch eine empfindliche Pflanze.
Sorten:	–
Besonderheiten:	Sehr schwer erhältlich.

Woodwardia

Gattung:	*Woodwardia*
Art:	*virginica*
Synonyme:	–
Familie:	Blechnaceae
Deutscher Name:	Woodwardie
Heimat:	Nordamerika von Kanada bis Florida
Beschreibung:	Hat starke und lange Wurzelstöcke. Die Wedel sind 60 bis 100 cm lang und ein-

fach gefiedert, die Fiedern groblappig geteilt.

Die Blattfarbe ist zunächst gelbgrün und wird dann langsam dunkelgrün.

Standort: Kommt in der Natur auf sauren Böden an feuchten Plätzen in kühlen Gegenden vor, obwohl auch Texas und Florida als Fundorte angegeben werden.

Verwendung: Im Hausgarten an nassen Stellen zu gebrauchen. Kann sogar ein wenig sonnig stehen, wächst aber auch gut im tiefen Schatten.

Ansprüche: Keine besondere Behandlung erforderlich.

Sorten: –

Besonderheiten: –

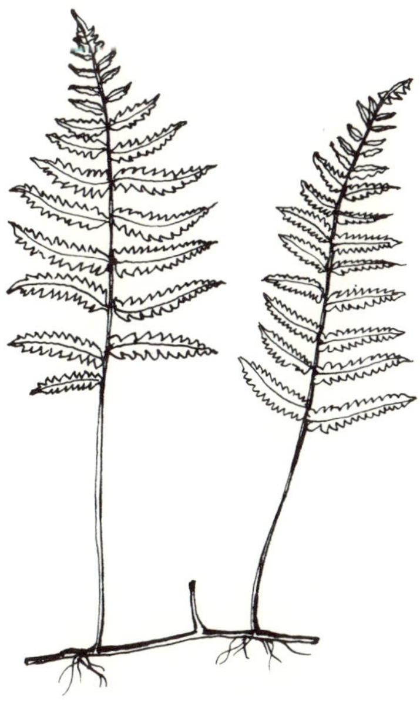

Woodwardia virginica

Pflanzenlisten

1. Niedrige Farne
Für kleine Gärten, zwischen niedrigen und mittelhohen Sträuchern und Stauden zu verwenden
Adiantum pedatum und Sorte
'Imbricatum'
Adiantum venustum
Athyrium filix-femina
'Congestum'
Athyrium nipponicum
'Metallicum'
Blechnum spicant
Phyllitis scolopendrium
Phyllitis scolopendrium
'Capitata'
Phyllitis scolopendrium 'Crispa'
Phyllitis scolopendrium 'Inequale Varians'
Phyllitis scolopendrium
'Undulata'
Polypodium interjectum
Polypodium interjectum
'Cornubiense'
Polypodium interjectum
'Laciniatum'
Polyopodium interjectum
'Semilacerum'
Polypodium vulgare
Polystichum lonchitis
Polystichum setiferum
'Congestum'
Polystichum tsus-simense
Thelypteris phegopteris

2. (Sehr) kleine Farne
für die Verwendung zwischen niedrigen Stauden und im Steingarten
Asplenium ruta-muraria
Asplenium trichomanes
Asplenium trichomanes 'Cristata'
Blechnum penna-marina
Ceterach officinarum
Cystopteris fragilis
Dryopteris affinis
'Crispa Congesta'
Woodsia ilvensis

3. Mittelhohe Farne
Sie können zusammen mit stärker wachsenden Stauden und nicht zu großen Gehölzen verwendet werden.
Athyrium filix-femina 'Frizelliae'
Athyrium filix-femina
'Minutissimum'
Athyrium filix-femina 'Victoriae'
Cyrtomium fortunei
Cyrtomium fortunei 'Butterfieldii'
Cystopteris bulbifera
Dryopteris dilatata 'Lepidota'
Dryopteris erythrosora
Dryopteris filix-mas 'Crispa'
Dryopteris villarii
Matteuccia orientalis
Onoclea sensibilis
Osmunda regalis 'Gracilis'
Polystichum acrostichoides
Polystichum braunii
Polystichum munitum
Polystichum setiferum
'Congestum'
Polystichum setiferum
'Cristatum'
Polystichum setiferum
'Herrenhausen'
Polystichum setiferum
'Plumosum Densum'
Polystichum setiferum
'Proliferum'
Thelypteris palustris

4. Hohe, große Farne
Sie sind in großen Gärten unter Gehölzen und Bäumen eine schöne und passende Zwischenpflanzung.
Viele dieser Arten sind auch für Pflanzungen im öffentlichen Grün und in Parks von Heimen und Privatleuten geeignet.
Athyrium filix-femina
Dryoperis dilatata
Dryopteris carthusiana
Dryopteris filix-mas
dryopteris filix-mas 'Grandiceps'
Dryopteris filix-mas 'Linearis'
Dryopteris affinis 'Cristata'
Cryopteris affinis 'Pinderi'
Dryopteris wallichiana
Matteuccia pensylvanica
Matteuccia struthiopteris
Osmunda cinnamomea
Osmunda claytoniana
Osmunda regalis
Osmunda regalis 'Purpurascens'
Polystichum aculeatum
Polystichum setiferum
Pteridium aquilinum

5. Wintergrüne Farne
Diese Gruppe ist überaus wertvoll.
Asplenium ruta-muraria
Asplenium trichomanes
Blechnum penna-marina
Blechnum spicant
Ceterach officinarum
Cyrtomium fortunei
Dryopteris – alle besprochenen Arten und Sorten
D. affinis
D. erythrosora
Phyllitis scolopendrium und Sorten
Polypodium interjectum
Polypodium vulgare
Polystichum acrostichoides
Polystichum aculeatum
Polystichum lonchitis
Polystichum munitum
Polstichum setiferum
Polystichum tsus-simense
Polystichum vestitum

6. Farne mit prächtiger Herbstfärbung

Sie sind schön mit Herbstzeitlosen und herbstblühenden Crocus zu kombinieren.

Adiantum pedatum
Adiantum venustum
Athyrium filix-femina
Matteuccia pensylvanica
Matteuccia struthioperis
Onoclea sensibilis
Osmunda regalis
Osmunda cinnamomea
Osmunda claytoniana
Thelypteris phegopteris

7. Farne mit besonderer Farbe und Behaarung

Der Austrieb der jungen Wedel bei Farnen ist an sich bereits von besonderer Schönheit. Einige zeichnen sich durch Farbe und Behaarung noch besonders aus.

Adiantum pedatum 'Japonicum'
Dryopteris erythrosora
Dryopteris affinis
Dryopteris wallichiana
Matteuccia orientalis
Matteuccia pensylvanica
Matteuccia struthiopteris
Osmunda cinnamomea
Osmunda claytoniana
Osmunda regalis
Polystichum acrostichoides
Polystichum aculeatum
Polystichum braunii
Polystichum setiferum 'Plumosum Densum'
Pteridium aquilinum

8. Stark wuchernde Farne

Es gibt Farne, die mit ihrem stark wuchernden Wurzelstock in kurzer Zeit große Flächen begrünen können.

Adiantum pedatum
Adiantum venustum
Onoclea sensibilis
Polypodium interjectum
Polypodium vulgare
Pteridium aquilinum
Thelypteris palustris
Thelyperis phegopteris

9. Zimmerfarne mit Sommerstandort im Freien

Einige Zimmerfarne sind dankbar dafür, wenn sie über Sommer auf einen schattigen Platz draußen gebracht werden.

Blechnum brasiliense
Cyrtomium falcatum
Doodia media
Pellaea atropurpurea
Pellaea dolomiticola

10. Farne mit geringeren Ansprüchen an die Luftfeuchtigkeit

Der allergrößte Teil der Farne ist auf eine hohe relative Luftfeuchtigkeit angewiesen. Lediglich einige Arten werden auch mit einer geringeren Luftfeuchtigkeit fertig.

Cyrtomium falcatum
Cyrtomium fortunei
Pellaea rotundifolia
Phlebodium aureum
Platycerium bifurcatum
Platycerium grande

Literaturverzeichnis

Allen, D.: The Victorian Fern Craze. Hutchinson of London, 1969.

Bastin, S. L.: How to know the ferns. Methuen and Co. Ltd., 1917.

Boedijn, K. B.: De Wereld der Planten, deel III Lagere Planten. W. Gaade, Den Haag 1966.

Boivin, J. P.: Les fougères. La maison rustique, Paris 1979.

Cranfill, R.: Ferns and fern allies of Kentucky. Kentucky nature preserves commission scientific and technical series, (1), July 1980.

Druery, C. T.: The books of British ferns. The office of country life, London 1903.

Enke, F., Buchheim, G. und Seybold, S.: Handwörterbuch der Pflanzen. Verlag Eugen Ulmer, Stuttgart 1984, 13. Aufl.

Foster, F. G.: Ferns to know and grow. Hawthorn Books Inc., New York 1971.

Foster, F. G.: The gardener's Fern Book. D. van Nostrand Comp. Ltd., Canada 1964.

Heath, F. G.: The Fern Paradise. George Routledge and Sons, London 1908.

Heimans, Heinsius en Thijsse: Geillustreerde Flora van Nederland. W. Verluis B. V., Amsterdam.

Herwig, R.: Kamperplantenencyclopedie. Zomer & Keuning, Ede 1978.

Hebberd, S.: The Fern Garden. Groonbridge and Sons, London 1931.

Hoshizaki, B. J.: Fern Growers Manual. Alfred Knopf, New York 1979.

Jacobi, E. F.: Plantkunde voor Tuinbouwscholen. Tjeenk Willink, Culemborg 1975.

Jones, D. L. and Clemesha: Australian ferns and fern allies. A. H. and A. Reed Pty Ltd., Sydney 1977.

Kaye, R.: Hardy ferns. Faber and Faber Ltd., London 1968.

Lankester: British ferns. Gibbings and Comp. Ltd., London 1903.

Lowe, E. J.: Our native ferns. Groombridge and Sons, London.

Maatsch, R.: Das Buch der Freilandfarne. Paul Parey, Berlin 1980.

Marself, A. J.: Ferns for gardener and greenhouse. W. H. and L. Collingridge Ltd., London.

Oudshoorn, W.: 201 vaste planten in Kleur. Zomer & Keuning, Ede 1982, 4e druk.

Oudshoorn-Nieuman: Het rotstuinplantenboek. Zomer & Keuning, Ede 1981.

Parsons, F. T.: How to know the ferns. Dover Publications Inc., New York.

Perl, P.: Varens. Time-Life plantenencyclopedie.

Philips, R.: Grassen, varens, mossen en korstmossen. Het spectrum, Utrecht-Antwerpen 1980.

Plues, M.: Rambles in search of flowerless plants. Journal of hort. and cott. gardener office, London 1885.

Wakefield, N. A.: Ferns of Victoria and Tasmania. Field Naturalists club of Victoria, 1975.

Wherry, E. T.: The Fern Guide. Doubleday and Comp. Ltd. Inc., Philadelphia, USA 1961.

Sachregister

Seitenzahlen mit Sternchen* verweisen auf Abbildungen

Bildquellen

Die Zeichnungen auf den Seiten 27 und 31 fertigte Jeanine ten Horn, alle übrigen Marloes van Rest, beide Niederlande.

Apel, J., Baden-Baden: Farbtafel Seite 71 (oben links).
Gerritsen, M., Smit, D., Niederlande: Farbtafel Seite 17, 18 (alle), 35 (alle), 36 (alle).
Seibold, H., Hannover: Farbtafel Seite 53, 54 (alle), 71 (oben rechts, unten links, unten rechts), 72.

Zwiebel- und Knollengewächse. Von → **Reinhilde Frank.** Mit einer allgemeinen Einführung und den schönsten Blütenpflanzen von A bis Z. 461 Seiten mit 121 Farbfotos und 35 Zeichnungen. Ln. mit Schutzumschlag → **DM 128,-.**

Primeln und die verwandten Gattungen Mannsschild, Heilglöckchen, Götterblume, Troddelblume, Goldprimel. Von → **Fritz Köhlein.** 406 Seiten mit 112 Farbfotos und 100 Zeichnungen. Ln. → **DM 128,-.**

Kübelpflanzen. Geschichte, Herkunft, Pflege. Von → **Fritz Encke.** 207 Seiten mit 75 Farbfotos und 18 Zeichnungen. Ln. → **DM 68,-.**

Fuchsien. Von → **Gerda Manthey.** Das umfassende Buch über die Fuchsien mit praktischen Anleitungen und Beschreibungen der zahlreichen Sorten. 189 Seiten mit 65 Farbfotos und 24 Zeichnungen. Ln. → **DM 68,-.**

Der Wassergarten. Von → **Karl Wachter.** Ein Leitfaden über Einrichtung, Bepflanzung, Tierbesatz und Pflege des Wassergartens. 251 Seiten mit 128 Farbfotos, 48 Zeichnungen und 9 Entwürfen. Kst. → **DM 38,-.**

Blütengehölze für Garten und Park. Von → **Franz Boerner,** überarbeitet von **Hans Scheller.** Der klassische Führer durch das große Reich der Blütengehölze. 272 Seiten mit 94 Farbfotos. Ln. → **DM 88,-.**

Narzissus und die Tulipan. Von → **Wolf-Dieter Kaiser** und **Rainer R. Vetter.** Alte und neue Blumenzwiebeln. 172 Seiten mit 163 Farbfotos und 13 Vignetten. Ln. mit Schutzumschlag → **DM 38,-** (erscheint 3. Quartal 1986).

Prospekte kostenlos

Erhältlich in Ihrer
Buch(Fach)handlung
oder beim
Verlag Eugen Ulmer
Postfach 70 05 61,
7000 Stuttgart 70

E.U.
VERLAG
EUGEN
ULMER